Der

Teen-

Coach

Kruse Verlag

Der Teen-Coach
Text: Dittmar Kruse
Illustrationen: Lena Kruse
Redaktion: Ulla Kruse
© 2012 Kruse Verlag
www.KruseVerlag.de
ISBN 978-3-940569-09-7

VIELEN DANK ...

Herma Bradtke
Heidi Weinbeck
Janah Schneider
Kevin Bradtke
Nicole Kruse
Petra Magosch
Franz Hütter
Lucia Pereira
Ruth Simma
Till Förster

... FÜR EURE HILFE!

INHALTSVERZEICHNIS

Einleitung 9

Erwartungen: Hanna und die Party 13

Selbstbild und Weltbild 21

Denken: So funktioniert es 25

Flirten – wie geht das? 37

So wird's nett im Bett 43

Trennungsschmerz 47

Alkohol 53

Lust auf Lernen 57

Submodalitäten 67

Lust auf Lernen, die Zweite 76

Submodalitäten – ein Fazit 79

Umgang mit Konflikten 83

Stress und der Tunnelblick 95

Träume verwirklichen 107

Neue Sichtweisen, neue Erkenntnisse 115

Das Hirn – eine Baustelle 123

NLP-Glossar 127

EINLEITUNG

EINLEITUNG

Der *Teen-Coach* entstand aus der Arbeit mit Jugendlichen, die mit sehr unterschiedlichen Themen zu mir kamen: wegen Liebeskummer, Ängsten, Drogenproblemen, Schwierigkeiten in der Schule, Schüchternheit, Chaos im Kopf ...

Außerdem habe ich viele Teilnehmer meiner Ausbildungen (und mich selbst) gefragt, was wir jetzt anders machen würden, wenn wir wieder Teenager wären. Aus heutiger Sicht haben wir damals vieles zu ernst genommen, manches übertrieben und uns mit einigen Sachen unnötig schwer getan.

Hier also ein paar Tipps, die wir uns damals gewünscht hätten, um die Jugend mehr zu genießen, die Schule leichter zu schaffen und mehr Spaß zu haben. Die meisten dieser Informationen gelten nicht nur für Jugendliche, sondern sind auch für Erwachsene wertvoll (die sich ja oft noch mit denselben Themen schwertun).

Zieh aus diesem Buch die Ideen heraus, die dir gefallen, und passe sie deinen Bedürfnissen an. Mach, was du gut findest – es geht hier ja nicht um Vorschriften, sondern um Anregungen.

Die meisten Methoden im Buch entstammen dem NLP. NLP wurde ursprünglich von John Grinder und Richard Bandler begründet und seitdem von vielen Leuten weiterentwickelt. Es beschreibt „Neuro-Linguistische Programme", also das Zusammenspiel von Wahrnehmungen, Gedanken,

Gefühlen und Verhaltensweisen. Kurz gesagt: Wenn du Dinge auf eine neue Art betrachtest, dann denkst, fühlst und handelst du auch anders. Das klingt zunächst vielleicht theoretisch, es wird im Buch aber praktisch umgesetzt. Im Anhang findest du die verwendeten NLP-Techniken und Fachwörter nochmal zum Nachschlagen.

Der *Teen-Coach* soll keinen Überblick übers NLP darstellen, sondern dir praktische Werkzeuge und Sichtweisen an die Hand geben, die das Leben leichter machen.

Und jetzt: Film ab!

ERWARTUNGEN: HANNA UND DIE PARTY

ERWARTUNGEN: HANNA UND DIE PARTY

(Samstag, 18 Uhr: Hanna steht in ihrem
Zimmer vor dem Spiegel)

HANNA:
Heute Abend ist *die* Gelegenheit, meinen
neuen Lipgloss mit Erdbeergeschmack einzusetzen! Ich werde auf der Party ganz
lässig an einen Türpfosten gelehnt stehen,
und wenn Tim vorbeikommt, dann wird er
mich sehen und sagen: „Hi Hanna, dein Mund
sieht echt schön aus! Neuer Lipgloss?" Und
dann ich: „Ja, mit Erdbeergeschmack!" Und
dann er: „Oh, lecker! Ich liebe Erdbeeren!
Darf ich mal probieren?" Und dann wird er
mich küssen, ganz zärtlich, aber auch
leidenschaftlich ...

(Samstag, 21:30 Uhr, Hanna steht auf der
Party am Türpfosten und wartet)

HANNA:
Mann, ist das langweilig! Wo bleibt nur
Tim?

LUCAS (GEHT AUF HANNA ZU):
Hey Hanna, willst du tanzen?

14

HANNA:
Tut mir leid, ich habe keine Zeit.

LUCAS:
Was, womit bist du denn so beschäftigt?

HANNA:
Ähm, ach, das verstehst du nicht, ich bin sozusagen verabredet.

(22:15 Uhr: Tim kommt)

TIM:
Hallo Hanna! Cool, dass du da bist! Sag mal, ist der Benny auch da?

HANNA:
Ja, mit Erdb... Ähm, was, Benny? Keine Ahnung!

TIM:
Alles klar, ich such ihn mal. Also dann bis später!

HANNA:
...

(22:20–23:30: Hanna sitzt mit Todesblick in einer Ecke, versucht nicht zu heulen und trinkt viel Alkohol)

HANNA:

Ich blöde Kuh! Was habe ich mir nur eingebildet? Tim steht überhaupt nicht auf mich! Der ganze Abend ist versaut, ich glaub' ich geh jetzt heim.

Hanna weiß immer noch nicht, ob Tim auf sie steht oder nicht. Ihre Vorstellungen, was auf der Party geschehen sollte, waren viel zu konkret. Detaillierte Erwartungen sind ein sicheres Rezept für Enttäuschungen – vor allem, wenn wir uns ausmalen, wie andere Leute sich verhalten sollen! Je genauer diese Vorstellungen sind, desto sicherer werden sie enttäuscht. Und desto mehr übersehen wir das, was tatsächlich da ist und was nicht schlecht ist, nur weil es nicht irgendwelchen Vorstellungen entspricht. Vielleicht übertrifft es ja alle Erwartungen? Unverhofft kommt oft!

Sinnvoller wäre diese Art von Vorstellungen:

16

(Samstag, 18 Uhr: Hanna steht in ihrem
Zimmer vor dem Spiegel)

HANNA:
Ich freue mich schon auf heute Abend, das
wird bestimmt lustig! Hoffentlich kommt
auch Tim! Ich probiere mal den neuen Lipgloss aus. Die Farbe gefällt mir, und dann
schmeckt er auch noch so lecker ...

(Samstag, 21:30 Uhr, auf der Party: Hanna
schaut sich nach Tim um)

HANNA:
Na, wo bleibt er denn? Oh, toller Song!

LUCAS:
Hey Hanna, willst du tanzen?

HANNA:
Klar, das Lied mag ich total gern!

Und jetzt such dir aus, wie es weitergeht!

17

Variante 1:

(Hanna hat viel Spaß beim Tanzen)

HANNA:

Lucas ist eigentlich sehr süß, und tanzen kann er auch richtig gut. Ich habe ihn noch nie so richtig wahrgenommen ...

Variante 2:

(22:15: Tim kommt)

TIM:

Hallo Hanna! Cool, dass du da bist! Sag mal, ist der Benny auch da?

HANNA:

Hi Tim! Ja, find ich auch cool, dass du da bist! Benny hab ich nicht gesehen.

TIM:

Alles klar, bis später!

HANNA:

Klar, ich will heute noch mit dir tanzen!

TIM:

Ja gern, ich muss nur schnell Benny finden.

18

oder:

TIM:

... Ähm, ich bin eigentlich nicht so der Tänzer.

HANNA:

Na, warten wir's ab!

FAZIT

Wenn die Vorstellungen nur aus allgemeiner Vorfreude bestehen („Das wird bestimmt lustig!"), dann bist du offen für alles, was kommt. Du wartest nicht auf ein Stichwort (oder auf sonst etwas, das passieren sollte). Stattdessen reagierst du auf das, was wirklich passiert. Daher bist du aufmerksam, flexibel und spontan.

Je genauer du anderen in Gedanken vorschreibst, was sie sagen und tun und lassen sollen, desto mehr werden sie deine Erwartungen enttäuschen. Auch (und gerade) deine besten Freunde. Und das ist gut so, denn das Leben läuft oft nicht nach Plan – es ist voller Überraschungen und Menschen sind keine Roboter. Dadurch können Erwartungen auch übertroffen werden.

Ohne konkrete Erwartungen wirst du nicht nur mehr Spaß haben, sondern auch deine Freunde werden mehr Spaß mit dir haben. Alles wird viel entspannter, wenn du dir nicht so viele Gedanken machst – und du sparst dir viel Arbeit, für die du nicht mal bezahlt wirst!

„Mach dir nicht so viele Gedanken!" – Das ist natürlich leicht gesagt, aber was, wenn diese Gedanken einfach von selbst kommen, ohne Einladung? Lass sie ruhig kommen! Du musst sie nicht mal verscheuchen. Der entscheidende Unterschied liegt darin, wie ernst du sie nimmst. Sie können für dich auch „einfach nur so Gedanken" sein, und du kannst sie hören, so wie du Werbung im Fernsehen wahrnimmst: Da glaubst du (hoffentlich!) auch nicht alles und kaufst nicht alles, was gezeigt wird.

Und wenn Gedanken dir doch zu aufdringlich werden, dann schau dir mal das Kapitel „Submodalitäten" an. Dort findest du Tipps, wie du mehr Abstand zu ihnen bekommen kannst, so dass du sie klarer als „einfach nur irgendwelche unwichtigen Gedanken" erkennen kannst.

Jetzt schauen wir aber erstmal, wo Erwartungen überhaupt herkommen! Wer oder was entscheidet, was wir von uns, von der Welt, vom Leben erwarten?

SELBSTBILD UND WELTBILD

SELBSTBILD UND WELTBILD

Jeder Mensch hat eine geistige „Landkarte",
um sich in der Welt zu orientieren. Diese
Landkarte zeigt uns, wofür wir uns halten
(Selbstbild) und was wir über die Welt denken (Weltbild).
Sie besteht also aus Gedanken: aus Meinungen darüber,
was wir können oder nicht können; aus Bewertungen,
welche Eigenschaften wir erstrebenswert und sympathisch finden und deshalb gerne zeigen und welche wir
lieber verbergen wollen, weil wir sie für Schwächen
halten.

Die Landkarte zeigt auch, in was für einer Welt wir
unserer Meinung nach leben: ob wir anderen Menschen
trauen können, ob wir unsere Gefühle zeigen können
und trotzdem (oder deshalb) akzeptiert/gemocht/
geliebt werden – und worum es überhaupt im Leben
geht.

Wo kommt diese Landkarte her? Wir sind ja nicht mit
ihr auf die Welt gekommen, sondern als relativ „un-
beschriebenes Blatt". Die Beschreibungen, wie wir sind
und wie die Welt ist, kamen in unserer Kindheit vor allem
von den Eltern (oder anderen nahen Bezugspersonen
aus unserer Familie). Weil wir kaum andere Orien-
tierungspunkte hatten, hielten wir die Beschreibungen
und Regeln unserer Familie für „die Wahrheit": Wir hielten diese Sichtweisen für die einzig richtigen und einzig
möglichen; wir dachten: „So ist die Welt". Mit anderen
Worten: Als Kinder kamen wir überhaupt nicht auf die

Idee, dass diese „vererbte" Landkarte nur eine von vielen möglichen Beschreibungen der Welt ist.

Bis wir Jugendliche wurden. Da hatten wir Klassenkameraden und Freunde, die ganz andere Ansichten hatten als unsere Eltern – Ansichten, die viel besser zu uns passten, viel interessanter und aufregender waren und auch uns selbst in einem ganz neuen Licht zeigten.

Ab da wussten wir, dass unsere Eltern mit ihrem Weltbild und ihren Meinungen „falsch" lagen und wir jetzt den „wahren" Durchblick hatten – die richtige Landkarte! Die würden wir immer beibehalten, weil es unsere eigene Landkarte war.

Aber da irrten wir uns. Die Landkarten ändern sich unser ganzes Leben lang. Immer wieder gibt es kleine und große Updates. Hoffentlich bleibt das so!

Viele Menschen sind sehr verunsichert, wenn ihre Sichtweise infrage gestellt wird. Lieber behalten sie eine einschränkende Sicht bei als die Ungewissheit zu ertragen, die eine Neuorientierung mit sich bringen kann. Sie fühlen sich bedroht und angegriffen, wenn ihre Landkarte kritisiert wird, weil sie so stark mit ihr identifiziert sind.

Stattdessen kannst du das interessant finden! Eine Landkarte/Sichtweise ist niemals vollständig, sondern immer nur ein Ausschnitt der Wirklichkeit, nur ein Hilfsmittel. Die Landkarte ist nicht das Land, das sie darstellt (genauso wenig, wie eine Speisekarte essbar ist). Sie ist auch niemals endgültig, sondern bildet immer nur einen Zwischenstand ab. Wenn deine momentane Landkarte infrage gestellt wird, dann kann das für dich also eine Gelegenheit sein, sie zu erweitern oder sie upzudaten. Das unterscheidet dich von Leuten, die nichts mehr dazulernen, die starr, dogmatisch, engstirnig und fanatisch in ihrem Denken sind.

Also: Jede Landkarte ist immer nur ein vorläufiges, unvollständiges Konstrukt, ein Hilfsmittel zur Orientierung, nicht „die Wirklichkeit". Und selbst diese unvollständige Landkarte sehen wir nie als Ganzes, sondern nur Ausschnitte von ihr: einzelne Gedanken oder Gedankenketten.

Jetzt betrachten wir die Elemente der Landkarte – die Gedanken – etwas genauer, dann beschäftigen wir uns mit Möglichkeiten, sie upzudaten: sie zu hinterfragen und auf den neuesten Stand zu bringen.

DENKEN: SO FUNKTIONIERT ES

DENKEN: SO FUNKTIONIERT ES

Ein innerer Kommentar begleitet uns durchs Leben: eine innere Stimme, die so gewohnt ist, dass wir sie kaum noch bemerken. Gedanken erzählen uns unablässig, was wir gerade erleben, und sortieren es in Kategorien ein („Das ist schön!" – „Das ist gemein!"). Oft haben die Gedanken auch gar nichts mit der Gegenwart zu tun, sondern sie drehen sich darum, was war, was sein wird, was hätte sein können, was sein sollte ...

Die Stärke des Denkens, die Welt zu erklären, ist gleichzeitig auch seine Schwäche: Wir lernen aus unseren Erfahrungen, indem wir sie verallgemeinern und Zusammenhänge zwischen ihnen finden. Manchmal *er*findet das Denken aber auch Zusammenhänge, wo keine sind, und viele Verallgemeinerungen schränken uns unnötig ein.

VERALLGEMEINERUNGEN

Wenn ein Kind sich die Hand an einer heißen Herdplatte verbrennt, dann lernt es daraus: „Vorsicht, nicht auf Herdplatten fassen!" Wenn das Kind diese Verallgemeinerung nicht anstellen würde, dann würde es sich die Hand als Nächstes gleich wieder verbrennen. Wenn das Kind aber denkt: „Ich gehe nie wieder in die Küche!" oder „Immer passieren mir schlimme Dinge!" oder „Ich bin ein Tollpatsch!" – dann hat es zu sehr verallgemeinert. So entstehen Regeln, die das Leben sehr einschränken können. Die natürliche Neugier des Kindes hat nichts mit

Tollpatschigkeit zu tun – trotzdem wird diese Selbst-Beurteilung verallgemeinert und für eine Tatsache gehalten. Mit der entsprechenden Erwartungshaltung geht das Kind dann an andere Situationen heran: Es erwartet, dass es etwas vermasseln wird, dass es sich blöd anstellen und sich blamieren wird. Die Verallgemeinerung selbst wird nicht überprüft, sondern vorausgesetzt. Wenn etwas schiefgeht, dann bestätigt das also die Verallgemeinerung, wenn aber etwas gut gelingt, dann nehmen wir es gar nicht wahr oder tun es als Ausnahme ab. *Ein* Misserfolg bedeutet aber nicht, dass wir *immer* scheitern werden. Dass *ein* Junge oder Mädchen nichts von dir wollte, heißt nicht, dass *niemand* dich attraktiv findet. Wenn du in *einem* Schulfach (oder auch in mehreren oder allen Fächern) „schlecht" bist, dann heißt das nicht, dass du dumm bist. Wenn eine Freundin dich *einmal* versetzt hat, dann ist sie deswegen noch lange nicht unzuverlässig.

Daher der Tipp: Achte auf Verallgemeinerungen, die dich oder andere schlecht darstellen! („Ich bin immer so schüchtern." „Ich bin zu blöd für Mathe." „Die anderen mögen mich nicht." „Der Lehrer ist so ungerecht." „Meine Freundin will immer im Mittelpunkt stehen." ...) Solche negativen Verallgemeinerungen entgehen oft der Aufmerksamkeit, daher werden sie nicht überprüft und erscheinen als „die Wahrheit".

VERALLGEMEINERUNGEN WIDERLEGEN

Fast immer kannst du aber Ausnahmen finden. Wenn du zum Beispiel denkst, dass du „immer so ungeschickt" bist, dann findest du bestimmt auch Gebiete, in denen du dich sehr geschickt anstellst. Wenn du dich für schüchtern hältst, dann denk an Situationen, wo du eben nicht schüchtern, sondern kontaktfreudig warst und gerne auf Leute zugegangen bist. Aus solchen Erinnerungen kannst du lernen: Mal bist du schüchtern und mal kontaktfreudig. Dann kannst du genauer schauen, was dich einschüchtert und in welchen Situationen du einfach drauflos redest (oder tanzt oder singst oder ...). *Jedes Gegenbeispiel zu einem Problem ist eine potenzielle Stärke!*

Vielleicht meinst du, dass diese Gegenbeispiele, diese Ausnahmen von einschränkenden Verallgemeinerungen nicht zählen: „Natürlich bin ich Kindern gegenüber nicht schüchtern, aber die interessieren mich ja auch nicht!" – Aha, also bist du nur schüchtern, wenn dich jemand interessiert? Und gibt es auch dafür Gegenbeispiele? „Meine Freunde interessieren mich natürlich auch, aber das zählt nicht, denn die kenne ich ja schon." – Aha, also schüchtern dich nur Menschen ein, die dich interessieren und die du noch nicht kennst? Außer ...? „Außer wenn sie auf mich zugehen, wenn ich gleich merke, dass sie offen und freundlich sind."

Und so weiter. Hier geht es darum, dass du Probleme nicht verallgemeinern musst. Denn wenn du überzeugt bist, dass du etwas nicht kannst oder dass dir etwas nicht liegt oder dass etwas deine Schwäche ist, dann wirst du dich in entsprechenden Situationen unsicher und überfordert fühlen. Und das scheint die negative Überzeugung zu bestätigen: „Wusste ich's doch!" Es geht aber nicht darum, dir Probleme auszureden oder dir alles schönzureden. Stattdessen kannst du genauer hinschauen und erkennen: Du *bist* nicht schüchtern (um bei unserem Beispiel zu bleiben), sondern in manchen Situationen *fühlst* du dich schüchtern und in anderen nicht. So gesehen ist es interessant zu untersuchen: Welche Gedanken rufen diesen Schüchternheits-Zustand hervor? Und sind diese Gedanken denn wahr oder nur Fiktion?

KOPFKINO: VORSTELLUNG UND WIRKLICHKEIT

Lass uns am Beispiel von Philip schauen, wie seine eigenen Gedanken ihn einschüchtern:

Philip sieht ein hübsches Mädchen, das ihm gefällt. Er denkt: „Die würde ich gerne kennenlernen!" Dann stellt er sich vor, dass er sie anspricht und sie ihn mit angeekeltem Gesichtsausdruck abblitzen lässt: „Was willst *du* denn, du spielst doch überhaupt nicht in meiner Liga!" Durch diese Vorstellung fühlt er sich, als hätte das Mädchen ihn *wirklich* abblitzen lassen – was ihn nicht gerade in Stimmung bringt, es überhaupt bei ihr zu versuchen!

So funktioniert Schüchternheit: Man stellt sich vor, wie man zurückgewiesen wird oder wie man sich dumm anstellt, sich blamiert usw.

Solche Gedanken, „was schiefgehen könnte", sind an sich noch kein Problem. Problematisch wird es erst, wenn du übersiehst, dass es einfach nur Gedanken sind! Dann reagieren die Gefühle, als wären die Gedanken wahr – statt einfach nur Vorstellungen. Es ist aber nicht das Mädchen, das Philip einschüchtert, sondern seine eigene Vorstellung.

Natürlich ist in Gedanken alles möglich: Du kannst dir auch vorstellen, dass dir der Himmel auf den Kopf fällt. Oder du kannst dir vorstellen, was passieren würde, wenn die Schwerkraft aussetzt: Wir würden in den Himmel schweben (falls der uns nicht gerade auf den Kopf gefallen ist). Aber egal wie sehr du dich mit diesen Gedanken beschäftigst, wirst du sie trotzdem nicht ernstnehmen: Du wirst deswegen keinen Sturzhelm aufsetzen, um dich vor dem Himmel zu schützen, und du wirst dich nirgends festbinden, damit du nicht wegfliegst.

Um auf Philip zurückzukommen: Natürlich ist es wahrscheinlicher, dass er eine Abfuhr bekommt, als dass die Schwerkraft ausfällt. Aber erstens wären die Folgen auch viel harmloser (im Laufe des Lebens erlebt jeder einige Abfuhren – außer denen, die es nie „riskieren"!). Und zweitens weiß Philip einfach nicht, wie das Mädchen wirklich reagieren würde, wenn er sie anspricht. Sie könnte sich auch sehr freuen – diese Vorstellung würde Philip viel lockerer machen! Oder er stellt sich gar nichts vor, sondern schaut lieber, wie das echte Mädchen sich verhält – nicht das aus seinen Vorstellungen, sondern die in der Wirklichkeit, live und in 3D! Denn keine Vorstellung kann diese tatsächliche Erfahrung ersetzen. Philip kann sich ja mit kleinen Experimenten langsam „rantasten": Wie reagiert das Mädchen, wenn er sie anlächelt? Lächelt sie zurück? Schaut sie weg oder schaut sie immer wieder zu ihm hin?

Übers Flirten werden wir gleich noch ausführlich sprechen; hier diente es nur als Beispiel dafür, dass es sich lohnt, negative Gedanken nicht einfach als Wirklichkeit stehen zu lassen, sondern sie zu überprüfen.

ZUSAMMENHÄNGE UND INTERPRETATIONEN

Wie schon gesagt, reagieren Gedanken auf Wahrnehmungen: Du *siehst* ein Kinoplakat und *denkst* daran, welchen Film du neulich gesehen hast. Genauso bestimmen Gedanken aber auch, wie und was wahrgenommen wird: Wenn du denkst, dass deine Klassenkameraden dich blöd finden, dann fällt dir auf, wer dich nicht anschaut (und du interpretierst das als: „Der will den Kontakt mit mir vermeiden!"). Oder du siehst jemanden, der angewidert aussieht, und glaubst, dass er dich meint. Der Gedanke kommt dir gar nicht in den Sinn, dass ihn etwas ganz anderes stören könnte (seine verhauene Klassenarbeit, sein Kopfweh ...) – oder dass man jemanden vielleicht gerade deswegen nicht anschaut, *weil* man ihn so mag? Daher scheint deine Deutung („Der kann mich nicht leiden!") nicht eine von vielen möglichen Interpretationen zu sein, sondern eine Tatsache.

Dass wir Zusammenhänge erkennen, ist natürlich wichtig, damit wir planen und uns sinnvoll verhalten können. Zum Beispiel können wir einen Zusammenhang erkennen zwischen *Lernen* und *Gute Noten schreiben*. „Ich habe mich gut vorbereitet, *daher* habe ich in dem Test fast alles gewusst, *deshalb* glaube ich, dass ich eine gute Note bekomme."

Manchmal schießt unser Denken mit seinen (Be-)Deutungen aber übers Ziel hinaus und konstruiert Zusammenhänge, die nicht viel mit der Wirklichkeit zu tun haben. Ein Beispiel: „Jana hat mich kritisiert, *also* steht sie nicht zu mir, *deshalb* ist sie nicht mehr meine Freundin, sondern ein hinterhältiges Biest!"

Um dich von Fehlinterpretationen und Vorurteilen zu befreien, kannst du diese konstruierten Zusammenhänge überprüfen. Im „Jana"-Beispiel könntest du fragen:

• was Jana genau kritisiert hat (zum Beispiel nicht „mich", sondern dass ich sie versetzt habe oder dass ich ihr die CD immer noch nicht zurückgegeben habe);

• ob Jana nicht auch zu mir stehen kann, wenn sie sagt, dass sie etwas stört;

• ob gerade Freunde sich nicht auch mal kritisieren dürfen – du erwartest doch von Freunden, dass sie offen und ehrlich miteinander umgehen! Das unterscheidet sie ja gerade von „hinterhältigen Biestern"!

GEDANKEN ÜBERPRÜFEN

- Der erste Punkt der Überprüfung ist also, negative **Verallgemeinerungen** zu hinterfragen („Alle? Immer? Nie? ...") und *Gegenbeispiele* für sie zu finden: „Wann ist das anders? Welche Ausnahmen gibt es?" (Diese Ausnahmen kannst du immer finden!)
  Wenn du zum Beispiel denkst: „Ich bin ein ängstlicher Mensch", dann überleg dir, wieviele Dinge, Menschen und Situationen es gibt, vor denen du keine Angst hast, sondern wo du dich sicher fühlst. Was ist da anders? Wie denkst du da anders?
  Diese Ausnahmen sind deine Stärken, die du nur noch nicht in der Angst-Situation angewendet hast!
  Übrigens: „Positive" Verallgemeinerungen sind natürlich auch nicht wahr („Alle finden mich super!" – „Mir gelingt immer alles!" ...), aber sie fühlen sich nicht beengend an und schränken dich nicht ein; allerdings können sie zu Selbstüberschätzung und leichtem Größenwahn führen.

- Der zweite Punkt untersucht die **Bedeutungen**, die du deinem Erleben gibst. Im Beispiel von eben: „Oh, sie ist so hübsch – die will bestimmt nichts von mir!" Aber dass ihr Aussehen dir gefällt, bedeutet nicht, dass sie kein Interesse an dir hat. Es heißt natürlich auch nicht, *dass* sie Interesse hat – die zwei Sachen haben einfach nichts miteinander zu tun, da gibt es keinen *Zusammenhang!*

Du weißt nur vom Aussehen auch nicht, ob du dich gut mit ihr verstehen würdest. Es könnte ja auch sein, dass du sie langweilig oder oberflächlich oder zickig finden würdest. „Sie ist so hübsch!" – das bedeutet eben nur: Ihr Aussehen gefällt dir, sonst nichts.

Unser Denken vermischt ständig Wahrnehmungen mit Bedeutungen, und daher meinen wir oft zu wissen, was in anderen vorgeht – als könnten wir ihre Gedanken lesen. In Wirklichkeit interpretieren wir aber nur, was wir sehen und hören ... und liegen dabei erstaunlich oft falsch!

SINNVOLLE FRAGEN, ZUSAMMENGEFASST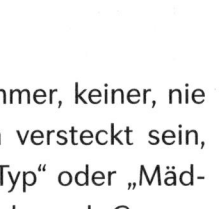

Hier hast du eine Zusammenfassung der Fragen, die dir helfen, negative Überzeugungen aufzulösen (und die im NLP übrigens „Meta-Modell-Fragen" heißen):

• Bei **Verallgemeinerungen** wie „Alle, immer, keiner, nie ..." (die Verallgemeinerung kann auch versteckt sein, zum Beispiel „Ich bin ein ängstlicher Typ" oder „Mädchen sind eben nicht so mutig") fragst du nach *Gegenbeispielen*:
• Welche Ausnahmen gibt es?
• Wann/wo ist das anders?

• Bei **Interpretationen** und **Bedeutungen**, zum Beispiel: „Sie interessiert sich nicht für mich", hinterfragst du die

34

Zusammenhänge (stehen sie fest oder sind sie nur Vermutungen?):

- Wie kommst du darauf?
- Wo ist da der Zusammenhang? (zum Beispiel zwischen „Gut aussehen" und „Kein Interesse an mir") Dann kannst du auch da wieder andere Möglichkeiten und *Gegenbeispiele* finden:
- Kann das (zum Beispiel ihr Verhalten) auch etwas anderes bedeuten? Nämlich?
- Woran würdest du merken, dass es anders ist?

FAZIT

Es wird dein Leben enorm erleichtern, wenn du negative Gedanken nicht für bare Münze nimmst, sondern sie hinterfragst: Wer schlechte Noten schreibt, ist noch lange kein Versager; wer eine Abfuhr kriegt, ist deswegen nicht unattraktiv; wer sich mal blöd anstellt, ist nicht dumm, sondern in bester Gesellschaft.

Statt dich selbst kleinzureden und dabei deine Fähigkeiten zu übersehen, kannst du durch andere, konstruktivere Sichtweisen deine Stärken erkennen, einsetzen und ausbauen.

FLIRTEN – WIE GEHT DAS?

FLIRTEN – WIE GEHT DAS?

Im Flirten bist du ein Naturtalent, das wurde dir schon „in die Wiege gelegt". Als Baby hast du wildfremde Leute angestrahlt, und sie haben zurückgestrahlt. Damals war es babyleicht und natürlich – was hat sich seitdem geändert?

FLIRTEN – WAS IST DAS ÜBERHAUPT?

Jeder versteht unter „Flirten" etwas anderes. Beginnen wir mal damit, was wir nicht mit „Flirten" meinen: Es geht weder ums Aufreißen noch (primär) darum, „etwas Ernstes" zu finden. Sondern? In erster Linie geht es um gar nichts! So wie beim Tanzen: Du tanzt ja nicht, um etwas zu erreichen, sondern einfach weil es Spaß macht. Es hat seinen Zweck in sich selbst und muss nirgends hin führen.

Ich höre oft: „Je attraktiver ich mein Gegenüber finde, desto nervöser werde ich!" – Je mehr scheinbar auf dem Spiel steht, desto schwieriger wird es, locker aufzutreten. Verdirb dir nicht den Spaß am Flirten durch zu hohe Erwartungen!

Wenn du nur flirtest, um einen Partner zu finden, dann ist die Zielgruppe ziemlich klein ... und die alltäglichen Kurzbegegnungen, die nicht zu einer Beziehung führen, erscheinen als Misserfolg.

FLIRTEN IST EINE LEBENSEINSTELLUNG

Wenn du mit niemand anderem als nur mit dem/der Zukünftigen flirten willst, dann ist das, als ob du niemals Schlittschuh läufst – außer bei den Olympischen Spielen! Es ist sehr schwer, neutral bis muffig durch deine Alltagskontakte zu gehen, aber dann, wenn „der/die Richtige" in Sicht ist, schlagartig auf „charmanter Lover" umzuschalten. Wenn du locker und natürlich dabei sein willst, wenn Flirten zu „einer deiner leichtesten Übungen" werden soll, dann mache es zu einer Alltags-Gewohnheit! Flirten kann deine Lebenseinstellung werden. Wenn dein Ziel einfach nur ist, lebendige, persönliche, lustige Alltagsbegegnungen mit anderen zu erleben, dann wird die Zielgruppe ziemlich groß – dann kannst du mit (fast!) jedem und jeder flirten: mit dem 3-jährigen Kind am Nebentisch, mit der Kassiererin, dem Kartenabreißer im Kino ... (Achtung: Mach aber niemanden an, der das vielleicht falsch versteht und dann zudringlich wird!)

Klar, es gibt beim Flirten auch die erotischen „Schwingungen", die nicht beim Kontakt mit einem Kleinkind ins Spiel kommen, sondern nur bei jemandem, den du attraktiv und erotisch findest: bei jemandem, der das passende Alter, Geschlecht, Aussehen und „das gewisse Etwas" hat. Das macht das Ganze natürlich noch viel prickelnder. Aber das Prinzip ist dasselbe: Spaß am Kontakt.

Lieber jeden Tag ein paar kleine Flirts als einmal im Leben *die* Eroberung!

FLIRTEN MACHT DEN ALLTAG SONNIG

Ein Lächeln geschenkt zu bekommen macht den Moment einfach ein bisschen sonniger. Warum solltest du dir das entgehen lassen, nur weil dein Gegenüber nicht der Partner fürs Leben ist? Als Flirt-Partner für 10 Sekunden ist er vielleicht genau der Richtige.

Flirten heißt, Signale senden und empfangen: „Ich finde dich sympathisch. Lass uns diesen Moment miteinander verbringen!" Ein Lächeln, ein bisschen mehr Blickkontakt ... Dann wird der Flirt zum Spiel mit Möglichkeiten: „Was könnte sich zwischen uns entwickeln? Wollen wir uns näher kennenlernen?"

Aber selbst wenn es bei dieser kurzen Begegnung bleibt, hast du doch dein Ziel erreicht, deinen Tag (und den deines Gegenübers) lebendiger, lustiger und interessanter zu machen; du hast dich getraut, jemandem näher zu kommen, und du kannst stolz auf dich sein. Und wenn dann die mögliche Romanze um die Ecke kommt, bist du schon warmgelaufen und voll in deinem Element.

SCHÜCHTERN?

Kennst du das: Du triffst jemanden, der dir wirklich gefällt – und deine ganze Lockerheit und Natürlichkeit ist plötzlich verschwunden? Stattdessen fühlst du dich klein, unzulänglich, blockiert?

Diese Blockade entsteht, wenn du aufgeregt bist und das vor deinem Gegenüber verbergen möchtest. Denn wenn du Gefühle unterdrückst, dann geht deine ganze

Spontanität verloren, und alles wird ein bisschen ver-
krampfter …

Hast du mal gesehen, wie jemand versucht, seine
offensichtliche Nervosität zu verbergen oder zu über-
spielen? Das funktioniert einfach nicht! Wir sehen, hören
und fühlen das.

KÄPT'N! WIR EMPFANGEN EIN SIGNAL!

Ein großer Teil unserer Kommunikation verläuft unbewusst über unsere Körpersprache. Wir senden und empfangen die ganze Zeit, in jedem Kontakt. Wenn du versuchst, *keine* Signale zu senden, um zu verbergen, dass
er/sie dir gefällt, dann wird dein Gegenüber auch das als
Signal auffassen: „Du interessierst mich nicht"; „Du lässt
mich kalt". Und das ist ja nicht die Botschaft, die du
eigentlich vermitteln willst …

Wann immer du etwas verbergen oder vortäuschen
willst, schaffst du Distanz zwischen dir und deinem
Gegenüber, wo du in Wirklichkeit doch Nähe willst. Vielleicht wird das ihr/ihm gar nicht bewusst, aber irgendwie
stimmen dann die „Vibrations" nicht so ganz. Also: Ver-
suche lieber nicht, anders zu wirken, als du dich im
Moment fühlst! Alles, was du fühlst, ist erlaubt und in
Ordnung, und du kannst dazu stehen.

„OH DU SUPERHELD!" – „OH DU GÖTTIN!"

Was hast du davon, wenn er/sie dich für einen Superstar
hält? Dann interessiert er/sie sich ja nicht für dich, sondern für eine Idealvorstellung, die du auf Dauer sowieso

nicht aufrechterhalten kannst! Also zeig dich ruhig so, wie du im Moment bist, dann hat dein Gegenüber eine Chance, dich kennenzulernen – und sich vielleicht in dich zu verlieben.

Dasselbe gilt auch, wenn du versuchst, ein Programm abzuspulen, das in der Vergangenheit mal funktioniert hat oder das du dir für „solche Gelegenheiten" überlegt hast: Da gibt's deine Vorstellungen, wie du sein solltest – und dann gibt's da noch dich, der im Moment diesen Erwartungen so gar nicht entspricht. Und auch dein Gegenüber verhält sich selten so wie in deinen Plänen. Je weniger Aufmerksamkeit du auf Erwartungen verschwendest, desto mehr hast du für deinen Partner übrig – dafür, was jetzt gerade zwischen euch geschieht. Die Vorstellung ist tot. Ihr seid lebendig. Lebendig gewinnt.

NERVÖS – NA UND?

Du kannst nur mit den Karten spielen, die du im Moment hast. Aber jede dieser Karten kann ein Trumpf für dich sein! Du musst die Aufregung nicht verbergen – jedem gefällt es schließlich, aufregend zu wirken! Und vielleicht ist das ja eine der Eigenschaften, die deinem Gegenüber besonders an dir gefallen könnten: dass du so offen und natürlich zu deinen „Schwächen" stehst! Und dann kann auch er/sie offen und natürlich sein.

SO WIRD'S NETT IM BETT

SO WIRD'S NETT IM BETT

Zu zweit im Bett – das kann so schön sein und ist manchmal so stressig! Oft setzen sich Jugendliche (und auch noch viele Erwachsene) unter Druck, wie „es" ablaufen soll, was sie „bringen" müssen und welche Erwartungen sie erfüllen sollten. Dadurch kommen Befürchtungen ins Spiel, und das Bett scheint sich in ein Minenfeld zu verwandeln, wo eine falsche Bewegung eine Katastrophe bedeuten kann.

Hier ein paar Entwarnungen, die dich das Ganze vielleicht entspannter angehen lassen:

- Du musst nichts tun, worauf du keine Lust hast, nur um Erwartungen zu erfüllen (deine, seine/ihre und schon gar nicht die deiner Freunde).

- Du musst auch kein Experte für irgendwelche Techniken sein, du musst nicht als erfahrener Lover auftreten. Sei lieber ein Live-Experte: Nur du weißt, was du gerade fühlst und wonach dir ist. Manchmal sind das mehrere Gefühle gleichzeitig, was ein bisschen verwirrend wirken kann, aber auch das ist in Ordnung: Dann fühlst du eben gerade Verwirrung.

- Orientiere dich nicht an Pornos oder Erotik-Szenen aus Spielfilmen! Das sind Schauspieler, und die Darstellung in diesen Filmen hat kaum etwas mit dem wirklichen Leben zu tun.

Das Herantasten und Entdecken ist ein ganz großer Teil vom Spaß. Ihr seid nicht im Einsatz und müsst nichts leisten – ihr spielt miteinander! Sex ist nur eine Art von Befriedigung, darum musst du dich am wenigsten kümmern, der „kommt" schon von selbst, wenn das Gefühl stimmt. Am wichtigsten ist, dass ihr beide euch wohl fühlt. Das Wohlfühlen wird leicht, wenn folgende Dinge erlaubt und in Ordnung sind:

- miteinander im Bett zu sein und „nur" zu kuscheln
- neugierig zu sein
- zu fragen
- zu lachen
- auszuprobieren
- sich ungeschickt anzustellen, zum Beispiel im Umgang mit Kondomen.

Die Stimmung darf auch mal kippen: Einem von euch kann zwischendurch mal die Lust vergehen. Wenn das okay ist und ihr kein Drama daraus macht („Jetzt ist der ganze Abend gelaufen!"), dann kommt die Lust auch schnell wieder zurück. Und wenn nicht, dann eben beim nächsten Mal. Trotzdem kann es noch kuschelig, gemütlich, erotisch, lustig sein. Alle Gefühle dürfen sich zeigen. Dadurch entsteht die Geborgenheit, in der alles erlaubt ist, was beiden gefällt.

Die Zeit im Bett ist eure eigene Welt, zu der niemand sonst Zutritt hat. Auch eure Freundeskreise mit ihren

Theorien und ihren Sprüchen bleiben draußen, jedes Muss bleibt draußen. Zielstrebigkeit ist hier nicht gefragt – stattdessen geht es ums Genießen, um Nähe, um Vertrauen und Vertrautheit.

Übrigens: Falls es in deinem Bett noch niemanden außer dir gibt, dann ist das natürlich auch völlig in Ordnung. Du hast noch sooo viele Jahre Sex vor dir, lass dir ruhig Zeit!

TRENNUNGSSCHMERZ

TRENNUNGSSCHMERZ

Wenig tut im Leben so weh wie die Trennung von einem Menschen, den man liebt. Das wird auch nicht anders, wenn man erwachsen ist. Falls du also gerade Liebeskummer hast, dann weißt du wenigstens: Irgendwann erlebt jeder solche Trennungen, also willkommen im Klub (der Menschen)!

Der erste große Trennungsschmerz ist aber trotzdem anders, weil man keine Erfahrung hat, auf die man zurückgreifen kann.

Bei mir war es so: Meine erste (einzige! DIE!) Freundin war weg, und ich fühlte mich, als hätte ich eine Rasierklinge verschluckt. Meine Eltern sagten dann Dinge wie: „Zeit heilt alle Wunden!" oder: „Du findest schon wieder eine andere!" ... – was mir nur zeigte, dass sie keine Ahnung hatten, was wahre Liebe ist! Sonst würden sie verstehen, dass ich keine andere wollte, dass ich nie wieder jemanden so lieben würde und dass diese Wunde niemals heilen würde.

Na gut, dann fand ich doch wieder eine, die ich sogar noch mehr liebte, aber als auch das auseinanderging, da fühlte ich: Das war's jetzt, die große Liebe ist weg, und nie wieder werde ich jemanden so lieben. Und meine Eltern kamen wieder mit dem Spruch: „Zeit heilt alle Wunden!", die Ahnungslosen.

Dann fand ich meine wirklich große Liebe (für eine Weile). Beim anschließenden Liebeskummer wusste ich: Das war's jetzt ... aber im Hintergrund war auch eine

Stimme, die sagte: „Das hast du aber auch schon mal behauptet, und davor auch schon mal – bei Frauen, mit denen du jetzt gar nicht mehr zusammen sein willst!" Und dann tat es immer noch weh (so richtig!). Aber die Vorhersage, dass ich nie wieder so eine tolle Frau finden würde, die schien jetzt nicht mehr glaubhaft.

Der erste Liebeskummer knallt so rein, weil du noch auf keine Erfahrung zurückgreifen kannst, dass „Zeit alle Wunden heilt" (Verdammt! Meine Eltern hatten Recht!) und eine neue Liebe kommen wird. Auch wenn das momentan vielleicht unvorstellbar ist – oder auch uninteressant, weil deine Gedanken und Gefühle sich ja noch um die Trennung von deinem Freund/deiner Freundin drehen. „Ich will doch niemand anderen, ich will nur IHN/SIE!"

Klar, lass dir Zeit! Um diesen Schmerz kommt niemand herum. Und wäre das denn überhaupt erstrebenswert? Wären wir nicht wie Roboter, wenn wir Gefühle einfach abschalten könnten? „Aha, die Beziehung ist zu Ende – klick – na gut, dann nehme ich halt die da!"

Im Versuch, diese schmerzhaften Gefühle loszuwerden und uns wieder gut zu fühlen, machen wir manchmal blöde Sachen: Wir versuchen, jemanden zurückzugewinnen, der inzwischen mit jemand anderem zusammen ist oder der ganz klar gesagt hat, dass er nicht mehr auf uns steht.

Wir denken: „Als ich noch mit dem/der Ex zusammen war, da hatte ich nicht solche Schmerzen – also müssen wir unbedingt wieder zusammenkommen, damit der Schmerz vergeht!" Meistens gab es aber gute Gründe für die Trennung: Sooo toll hat es dann doch nicht gepasst, oder er/sie will einfach nicht mehr. Tja, du kannst kämpfen, um sie/ihn zurückzugewinnen, und das kann auch klappen. Aber wenn nicht, dann kommt irgendwann der Punkt, wo du am besten akzeptierst: Egal wie schön es mal war, jetzt ist es vorbei. Durch dieses Akzeptieren (das wehtut, habe ich das schon erwähnt?), durch dieses Aufgeben entsteht Platz für eine neue Beziehung.

Noch ein Punkt, warum die erste Große Liebe so intensiv ist: Ganz vieles, was in einer Beziehung wunderschön ist, erlebst du zum ersten Mal mit diesem Partner. Daher erscheint es so, als ob dieses wunderschöne Erleben nur mit diesem Partner möglich wäre. So nahe und innig verbunden wirst du dich aber auch deinem nächsten Partner fühlen, wenn du bereit dazu bist, den alten loszulassen.

Damit will ich nicht behaupten, dass Liebespartner einfach austauschbar wären. (Da fällt mir wieder ein Spruch ein: „Es schwimmen noch so viele Fische im Meer" ...) Nein, sie sind nicht austauschbar, sondern jeder ist etwas Besonderes, Einmaliges. Und jeder kann sehr schöne neue Seiten von dir wecken – Seiten, die du dir nicht vorstellen kannst, solange du sie noch nicht mit ihm erlebst.

Übrigens: Nach einer Trennung (wenn der Schmerz abgeklungen ist) kann es auch ganz großartig sein, eine

Zeit lang als Single durch die Welt zu gehen! Beziehungen sind nicht alles: Du warst vor der Beziehung auch schon glücklich! Natürlich nicht immer, aber in der Beziehung warst du ja auch nicht immer nur glücklich. Das wird nur leicht übersehen: Die Erinnerungen an die intensiven Glücksmomente drängen sich in den Vordergrund und verdrängen die Momente, in denen du vom Partner genervt oder gelangweilt oder gestresst warst. Glückserfahrungen kannst du aber auch alleine oder mit „Nur-Freunden" machen. Du musst also nicht in der Warteschleife hängen, bis der nächste Lover auftaucht. Wenn du nicht die Bedingung stellst, dass nur eine Beziehung dich glücklich macht, dann kannst du auch in der Zwischenzeit glücklich sein und Spaß haben.

ALKOHOL

ALKOHOL

Auf Partys ist dir bestimmt schon mal aufgefallen, dass manche Leute den Punkt überschreiten, wo Alkohol entspannt, wo er lustiger und kontaktfreudiger macht. Danach geht es mit ihnen bergab: Sie werden nur noch laut und nervig und dumm, und oft endet die Nacht für sie über dem Klo oder sie schlafen in irgendeiner Ecke ein.

WARUM HABEN SIE SO VIEL GETRUNKEN?

• Anfangs erfüllt der Alkohol seinen Zweck: Er entspannt und macht geselliger; Hemmungen fallen weg. Das verleitet zum Trugschluss: „Wenn ich noch mehr trinke, dann wird es noch besser." Tja, wie die Erfahrung zeigt, stimmt das eben nicht: Mehr ist hier schlechter.

• Alkohol macht durstig: Um ihn zu verarbeiten, braucht der Körper Wasser. Dieser Durst verleitet aber dazu, weiter Bier oder Wein zu trinken (oder Bowle oder Mixgetränke oder ...) Dadurch braucht der Körper umso mehr Wasser und bekommt umso mehr Durst ... und so weiter. Noch viel extremer wird dieser Effekt natürlich bei hartem Alkohol wie Schnaps, Rum, Wodka oder Gin. Das ist wie Salz essen, um den Durst zu stillen – nur würde das dem Körper nie einfallen.

- Oft spielt auch der Gruppendruck eine Rolle: Die Menge, die man trinkt, ist ein Maßstab dafür, wie stark, cool und erwachsen man ist. Wenn man nur Saft trinkt oder nach ein paar Flaschen Bier auf Wasser umsteigt, wird man leicht als Weichei abgestempelt – und wer will das schon?

- Wenn Menschen sich unsicher fühlen (zum Beispiel wenn sie nicht wissen, worüber sie reden sollen), dann haben sie gerne etwas, woran sie sich festhalten können. Deswegen haben sie gerne eine Flasche oder ein Glas in der Hand. Und wenn sie nicht wissen, was sie tun sollen, dann nehmen sie einfach einen Schluck. Und noch einen. Und ...

UND HIER DIE ALTERNATIVEN:
- Wenn du merkst, dass du angeheitert bist, dann lege eine Alkohol-Pause ein; trinke weniger und langsamer.

- Wenn du Durst hast, dann denk daran, dass Alkohol ihn nur verschlimmert, und trinke zwischendurch ein Glas Wasser. (Du kannst auch Saft oder Limo trinken, aber der Zucker darin kann den Kater am nächsten Tag verschlimmern – was natürlich kein Problem ist, wenn du gar keinen Kater hast.)

- Falls jemand versucht, Druck auf dich auszuüben („Was, du trinkst jetzt Wasser?! Du verträgst wohl nichts!"), dann mach dir klar, dass er mit seinem Vollrausch nur nicht allein sein will: Er sucht Saufkumpane als Bestätigung dafür, dass sein Verhalten nicht dumm und peinlich ist. Und wenn du dabei nicht mitziehst, dann versucht er, dich als Spielverderber hinzustellen. Du stehst aber viel besser da, wenn du mit den anderen weiter Spaß hast, während er nur noch lallt und grölt und nervt.

Stärker zu sein als der Alkohol bedeutet nicht, möglichst viel zu trinken, sondern nur soviel zu trinken, wie dir gut tut. Schau dir mal Leute im Vollrausch an: Hast du den Eindruck, dass es ihnen gut geht und sie sich wohlfühlen? Oder würde es ihnen nicht viel besser gehen, wenn sie weniger gesoffen hätten? Und hilft das Betrunkensein dabei, cool oder locker oder anziehend zu wirken? Achte mal auf die Reaktionen der anderen Partygäste!

LUST AUF LERNEN

LUST AUF LERNEN

„Lust auf Lernen" – vielleicht klingt das abwegig für dich („Ich bin doch kein Streber!"), aber ich weiß, dass du Lust auf Lernen hast. Denn diese Lust ist angeboren, jeder Mensch hat sie von Natur aus.

Schon als ganz kleines Kind wolltest du unbedingt Laufen lernen, Sprechen lernen, selber essen, selber die Tür aufmachen, deine Schuhe selber zubinden ... Eine Zeitlang ist „Selber machen!" mit das Häufigste, was Kinder sagen.

Die Frage ist also nicht, *ob* du Lust auf Lernen hast, sondern *was* du lernen willst: was dich interessiert, was dir Spaß macht.

FAUL? UNKONZENTRIERT?

Zu mir kommen oft Schüler mit Lernschwierigkeiten. Die Schwierigkeit besteht nicht darin, dass sie zu dumm wären, sondern darin, dass sie sich nicht zum Lernen aufraffen können. Das wird dann „Faulheit" genannt.

Die Kunst liegt darin, Motivation dafür aufzubringen, wozu du gerne motiviert wärst. Denn es gibt sicher Dinge, zu denen du ganz ohne Mühe und ohne „Aufraffen" motiviert bist: dich mit Freunden zu treffen, fernzusehen, Videospiele ... Bei diesen Aktivitäten (oder „Passivitäten"?) ist es ja nicht so, dass du dir sagst: „Oh Mann, nachher muss ich noch dieses Level schaffen, verdammt! Ach, vielleicht später ..." – sondern die Lust

58

darauf ist automatisch da, sobald dir der Gedanke daran in den Sinn kommt.

Du weißt, dass Leute zu wirklich allem motiviert sein können. Was für den einen der größte Horror wäre (zum Beispiel Fallschirmspringen) ist für den anderen das Tollste überhaupt. Was dem einen todlangweilig vorkommt (zum Beispiel Briefmarken sammeln) ist für den anderen erfüllend und hochinteressant. Was uns interessiert und motiviert, wird also nicht so sehr durch das Thema bestimmt, sondern durch die Art, wie wir über das Thema denken.

Lass uns mal schauen, wie Max mit seinen Hausaufgaben umgeht (oder wie er sie umgeht):

(Nach der Schule: Max ist zu Hause und hat gerade zu Mittag gegessen. Jetzt will er sich entspannen)

MAX:
„Oh Mann, ich habe ja morgen diese blöde Englisch-Schulaufgabe – da muss ich noch sooo viel lernen! Und ich habe überhaupt keine Lust auf den Mist. Ich hätte eigentlich schon vor ein paar Tagen mit dem Lernen anfangen sollen, jetzt ist es ein Riesenberg Vokabeln, das wird hart ... Naja, aber das kann ich später auch noch machen, jetzt spiele ich erst mal ein bisschen, nur ein paar Minuten zur Erholung."

Der Gedanke an den „Riesenberg" wirkt abschreckend, und umso verlockender erscheint das Videospiel: Es verspricht Befreiung vom unangenehmen Lernen, und wenn es nur ein Aufschub ist.

Doch so ganz bekommt Max den Gedanken an „später" nicht los, der ihm während des Videospiels als dumpfe Drohung im Nacken sitzt. Und je mehr Zeit fürs Spielen draufgeht, desto unangenehmer wird die leise Stimme, mit der die Pflicht ruft: „Du musst noch …!" Aber die lässt sich prima wegschieben mit einer anderen Stimme: „Ach, ich schau' nur noch kurz ins nächste Level, dann fange ich mit Lernen an." Und das nächste Level sieht so viel bunter, lebendiger und interessanter aus als die Vokabeln, dass Max auch ins übernächste Level „nur mal kurz hinein schaut". Als er sich schließlich überwindet, mit dem Lernen anzufangen, ist er unkonzentriert, weil das Spielen auch Konzentration erfordert und seinen Energiebalken entladen hat. Außerdem ist er gereizt und unzufrieden, weil er das Spiel nicht voll genießen konnte: Die Vorstellung, was ihm noch bevorsteht, hat ihn einen Teil des Spaßes gekostet.

Es ist spät, Max ist müde, unkonzentriert und lustlos. Und in diesem Zustand soll er jetzt Vokabeln lernen! Eine Nebenwirkung dieser Vorgehensweise ist, dass das Lernen viel mühsamer wird und weniger Erfolg bringt. Dadurch verbindet Max die Schulaufgaben umso stärker mit Unlustgefühlen und Frustration.

Vielleicht hat er außerdem noch Einwände, die der Motivation im Weg stehen könnten. Um die kümmern wir uns jetzt.

WOZU?

„Wozu soll ich das lernen?" Gut, Englisch war ein Beispiel, bei dem der praktische Nutzen offensichtlich ist. Wenn du in der Welt herumreist, dann wird dir auffallen, wie wenige Menschen deutsch sprechen, aber wie viele Englisch können! Die Reise wird viel einfacher und lustiger, wenn du dich verständlich machen kannst; sonst hängst du wahrscheinlich nur mit Deutschen, Schweizern und Österreichern herum. (Mal abgesehen davon, dass das Internet viel mehr Möglichkeiten bietet, wenn du Englisch kannst!)

Es war auch nützlich, Lesen und Schreiben und Rechnen zu lernen. Bei vielem, das ich in der Schule gelernt habe, verstand ich aber überhaupt nicht, wobei mir das helfen soll; Chemie ist eins dieser Fächer, von dem ich kaum noch etwas behalten habe und auch nie wieder gebraucht habe. (Das ist natürlich nur meine subjektive Meinung, viele finden Chemie interessant und sagen, dass Grundkenntnisse darin zur Allgemeinbildung gehören.)

Also, die Frage nach dem „Wozu" ist bei einigen Schulfächern (oder Inhalten) sicher berechtigt – aber bei einem Videospiel stellt sie sich gar nicht: Du lernst die Steuerung, die Befehle usw., weil du spielen willst, weil du das Level schaffen und das nächste Level erreichen willst. Du willst gut durchkommen, vielleicht einen Highscore erzielen, sonst nichts.

Das nächste Level in der Schule ist das nächste Schuljahr, der Highscore am Ende des Spiels entspricht dem Schulabschluss mit guten Noten. Der bleibt dir, wenn du das Videospiel schon längst vergessen hast. Und im Gegensatz zum Spiel-Highscore bringt dir dein persönlicher Schul-Highscore wirklich etwas: einen Beruf, der dir Spaß macht und richtig Geld einbringt (das du dann wieder für jede Menge Spiele ausgeben kannst ...).

Natürlich gibt es auch viele interessante und gut bezahlte Berufe, für die du keinen besonderen Schulabschluss brauchst. Aber wenn du diesen Abschluss hast, dann gibt es mehr Möglichkeiten, aus denen du frei wählen kannst.

Wenn man ein Neuling bei Video- und Computerspielen ist, dann spielt man auf der leichtesten Stufe, man benutzt Cheats usw. – man macht sich das Spiel möglichst leicht. Bald langweilt einen das aber: Es ist zu leicht, das ist keine Herausforderung! Man will Spiele knapp gewinnen, man sucht die Herausforderung! „Oh Mann, der Gegner ist hart! Aber das kriege ich hin!" Und wenn man ein Level nicht schafft, dann versucht man es eben noch einmal. „Diesmal schaffe ich es!" Ein Spiel, das man problemlos beim ersten Versuch durchspielen kann, ist keine Herausforderung – und daher auch kein Spaß. Stell dir vor, so würdest du auch in der Schule und bei Hausaufgaben denken: „Mann, ganz schön knifflig!

Aber das kriege ich hin!" Stell dir vor, wie es wäre, auch diese Herausforderungen zu lieben – wieviel mehr Spaß du dabei hättest und wieviel leichter dir das Lernen fallen würde! Dazu kommen wir gleich; davor aber noch zu einem weiteren möglichen Hindernis beim Lernen:

LEHRER

Manchmal hat man einen Lehrer, der Interesse an seinem Fach wecken kann und der vermitteln kann, was ihn selbst daran fasziniert. (Schließlich hatte er soviel Spaß daran, dass er beschlossen hat, dieses Fach zu unterrichten!)

Wenn man aber Pech hat, dann kann der Lehrer das Interesse an seinem Fach nicht vermitteln oder die Faszination ist ihm im Schulalltag verloren gegangen.

Und manche Lehrer findest du vielleicht einfach unsympathisch, warum auch immer. Wenn du einen Lehrer nicht magst, dann ist es trotzdem sinnvoll, diese Abneigung nicht auf „sein" Schulfach – das Fach, das er unterrichtet – zu übertragen. Den Lehrer hast du nächstes oder übernächstes Jahr nicht mehr, das Fach aber bleibt dir wahrscheinlich noch weiter.

Wenn dich ein Lehrer nervt, dann fühlt sich Lernen vielleicht an wie „Klein beigeben": Es ist, als ob der Lehrer gewonnen hätte und deinen Willen gebrochen hätte. Ich war in Mathe meistens schlecht. Als ich aber mal eine 2 geschrieben hatte, hat der Mathelehrer sie mir mit den Worten gegeben: „Na also, geht doch!" – das fand ich total herablassend und überhaupt nicht motivierend.

Oft denken Schüler selbst bei den Hausaufgaben an den Lehrer, den sie nicht leiden können, und das verleidet ihnen das Lernen. Sei lieber froh, dass er jetzt nicht da ist und du in Ruhe für dich selbst lernen kannst! Schieb den Gedanken an den Lehrer dahin, wo er hingehört: ins Klassenzimmer. Jetzt hast du Raum, Zeit und Ruhe, um zu lernen – um etwas für dich, dein Wissen und deine Noten zu tun.

Übrigens: Oft sind Lehrer wesentlich netter als man meint. Sie sind eben auch nur Menschen (jedenfalls die meisten von ihnen), und manche fühlen sich persönlich angegriffen, wenn man sich nicht für ihren Unterricht interessiert.

WIDERSTÄNDE

Motivation hat nichts mit Überwindung zu tun! Wenn du schon Zeit fürs Lernen einsetzt, dann kannst du das auch effizient tun. Effizienz heißt: viel erreichen mit wenig Aufwand, also konzentriert und ohne Widerstand. Ohne diese innere Stimme, die vor sich hin mault und dir erzählt, wie nervig und langweilig und sinnlos und endlos die Hausaufgaben sind. Ohne diesen Protest, der dir Arbeit ersparen will, aber sie mit seinem Gejammer nur erschwert und verlängert. Ohne diesen inneren Demonstranten, für den es an Verrat grenzen würde, wenn dir die Hausaufgaben tatsächlich leicht fallen und Spaß machen würden!

Klagelied der zum Lernen Gezwungenen
(langsamer Blues)

SOLO:

Es kotzt mich an! ♪ ⌐ ♪♩ ⁊

CHOR:

Es kotzt dich an! 𝄽 ⌐ 𝄽 ♩ ⁊

SOLO:

Ich hab keine Lust! ♪♯♪ 𝄽 𝄽 ♩ ⁊

CHOR:

Oh Mann - oh Mann! 𝄽 ⌐ 𝄽 ♩ ⁊

SOLO:

Woh-u-wouh! ♪♪ ♯♩ 𝄽 ♩

... usw.

MOTIVATION: DIE INNERE WERBEAGENTUR

Beobachte mal deine eigenen Gedanken, die dich zum Fernsehen, Videospielen, Zeitschriftenlesen, Chatten oder Dauer-Telefonieren bringen: zu dem, was du gerne tust, ohne es als Mühe zu empfinden! Aus diesen Gedanken kannst du viel über Motivation lernen. Sie sind wie Werbung für diese Gewohnheits-Tätigkeiten – eine Werbung, die genau für dich maßgeschneidert ist!

Wenn du erkennst, wie diese Werbung funktioniert, kannst du deine „innere Werbeagentur" beauftragen, dir andere „Produkte" schmackhafter zu machen (zum Beispiel Vokabeln). Denn der Agentur ist es egal, für welches Produkt sie wirbt: Entscheidend ist nur die verlockende Präsentation des Produkts!

Jetzt gibt's einen kleinen Exkurs darüber, wie solche Präsentationen funktionieren; anschließend werden wir sehen, wie du sie nutzen kannst, um dich zu motivieren.

SUBMODALITÄTEN

SUBMODALITÄTEN

Alles, was wir erleben, findet in den fünf Sinnen statt: Sehen, Hören, Fühlen, Riechen und Schmecken. In diesen Sinneskanälen (oder Modalitäten) spielen sich auch unsere Gedanken ab: Wir hören zum Beispiel eine „innere Stimme", die etwas sagt oder fragt („Hmm, soll ich das essen?") oder auch nur einen Ohrwurm vor sich hin singt. Oder wir sehen ein „inneres" Bild vor uns, wenn wir an einen Freund, einen Urlaub oder eine Pizza denken. Warum steht „inneres" Bild in Anführungszeichen? Weil diese Bilder nicht wirklich im Kopf drinnen sind. Wenn du zum Beispiel daran denkst, wie es ist, auf einem Konzert zu sein oder am Meer zu stehen oder einen Hund zu streicheln, dann siehst du das Bild dazu wahrscheinlich irgendwo vor dir. Wenn es im Kopf wäre, dann hättest du das Bild nicht „vor Augen", sondern hinter ihnen. Es wäre auch nur einige Zentimeter groß, weil es sonst gar nicht in den Kopf hinein passen würde. „Innere Bilder" ist also nur eine Redensart; in Wirklichkeit werden Gedanken in den Raum um uns herum projiziert.

Wie wir auf diese Bilder reagieren und welche Bedeutung wir ihnen geben, hängt nicht nur mit ihrem Inhalt zusammen, sondern auch mit ihrer Darstellungsweise. Diese Unterscheidungen in der Darstellungsweise heißen Submodalitäten.

Ein nahes Bild geht dir auch gefühlsmäßig näher als eines, zu dem du „mehr Abstand hast"; ein großes Bild hat größere Bedeutung und löst stärkere Gefühle aus als ein kleines. Ein dunkles, verschwommenes Bild bringt keine klare Erinnerung (das kann übrigens fürs Lernen interessant sein!), ein Bild in trüben, düsteren Farben führt auch zu einer düsteren Stimmung. Die Nähe, Größe, Helligkeit und Schärfe des Bildes – all das sind *visuelle Submodalitäten.* Solche Unterscheidungen, solche Submodalitäten gibt es in allen Sinnen.

Achte zum Beispiel mal auf diese nur für dich hörbare Stimme, mit der du dir „innerlich" diesen Text vorliest: Wo ist diese Stimme? Hörst du sie im Kopf? Im Mund? Im Hals? Im Nacken? In der Brust? Oder ist die Stimme außerhalb von Kopf, Hals und Körper? Wie weit weg ist sie? Hörst du sie mittig vor (oder hinter) dir oder ist sie seitlich versetzt? Rechts oder links? Wie klingt diese Stimme? Ist sie laut oder leise, schnell oder langsam? Ist es der Klang deiner eigenen Stimme oder klingt sie wie jemand anders? Ist sie hoch oder tief? Klingt sie gereizt oder freundlich, angespannt oder entspannt?

Auf den folgenden Seiten findest du die nützlichsten Submodalitäten in den drei wichtigsten Sinneskanälen: Sehen, Hören und Fühlen.

Eigenschaften von „inneren" Bildern
(Visuelle Submodalitäten)

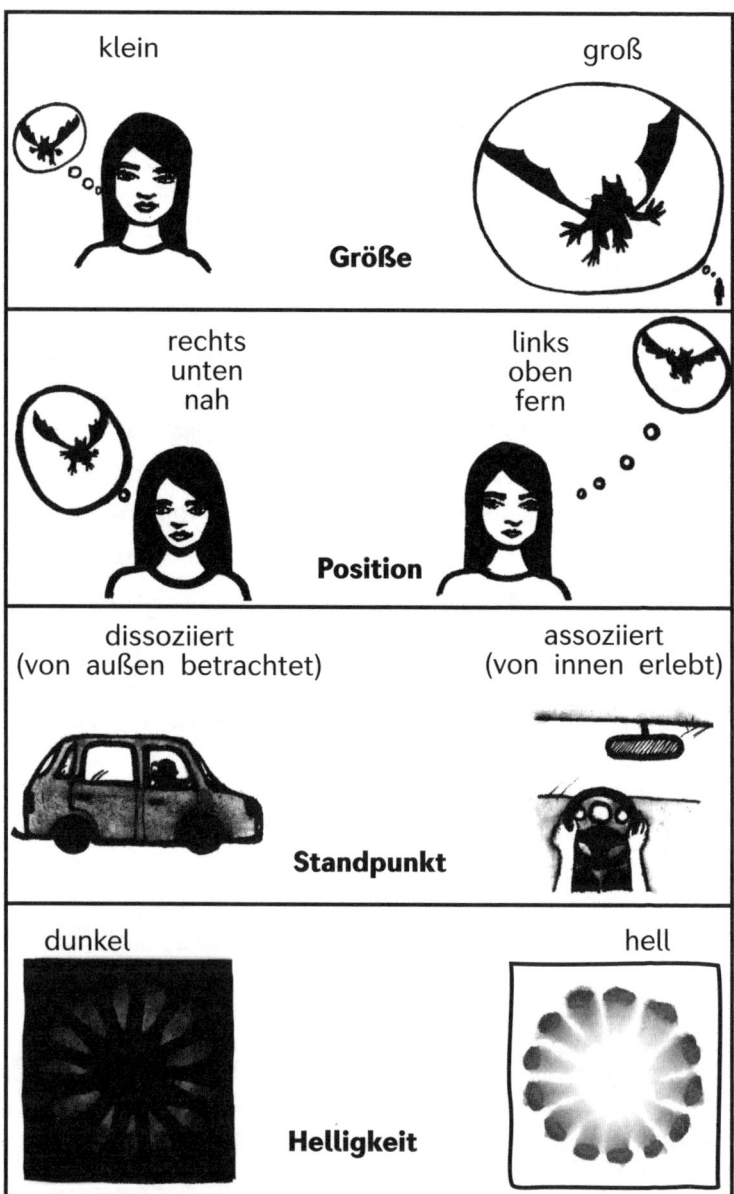

Eigenschaften von „inneren" Bildern
(Visuelle Submodalitäten)

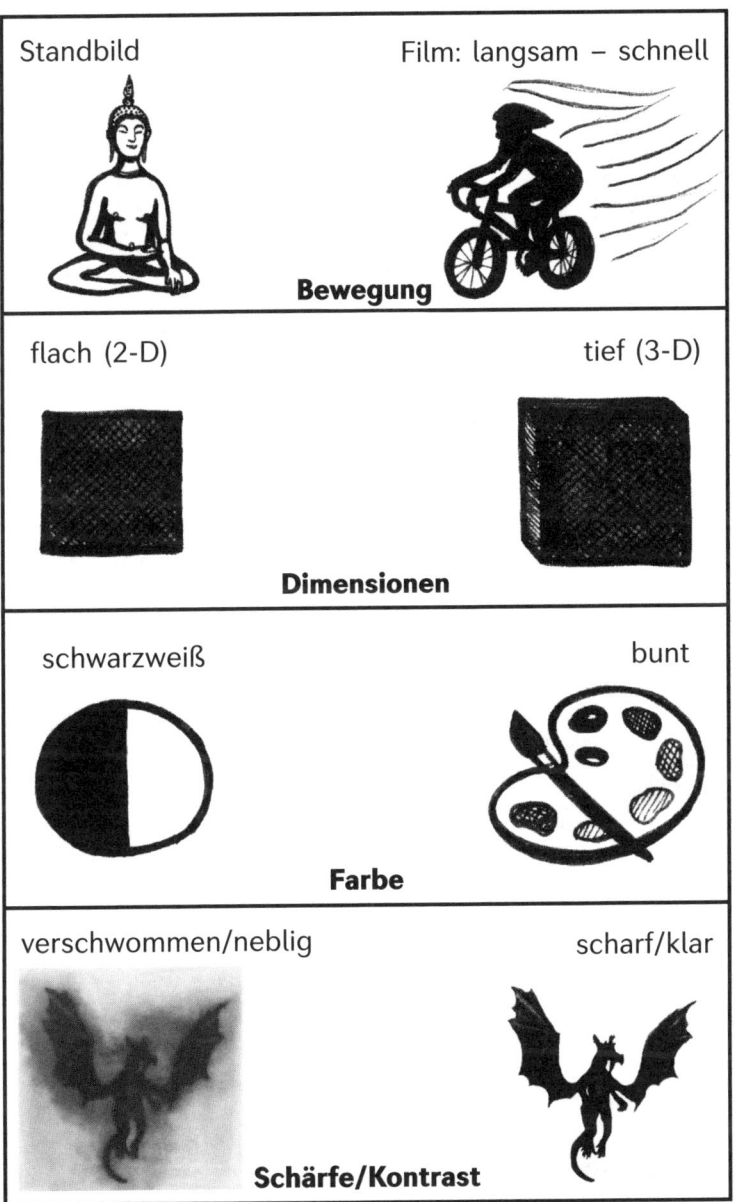

Standbild

Film: langsam – schnell

Bewegung

flach (2-D)

tief (3-D)

Dimensionen

schwarzweiß

bunt

Farbe

verschwommen/neblig

scharf/klar

Schärfe/Kontrast

Eigenschaften von „inneren" Stimmen
(Auditive Submodalitäten)

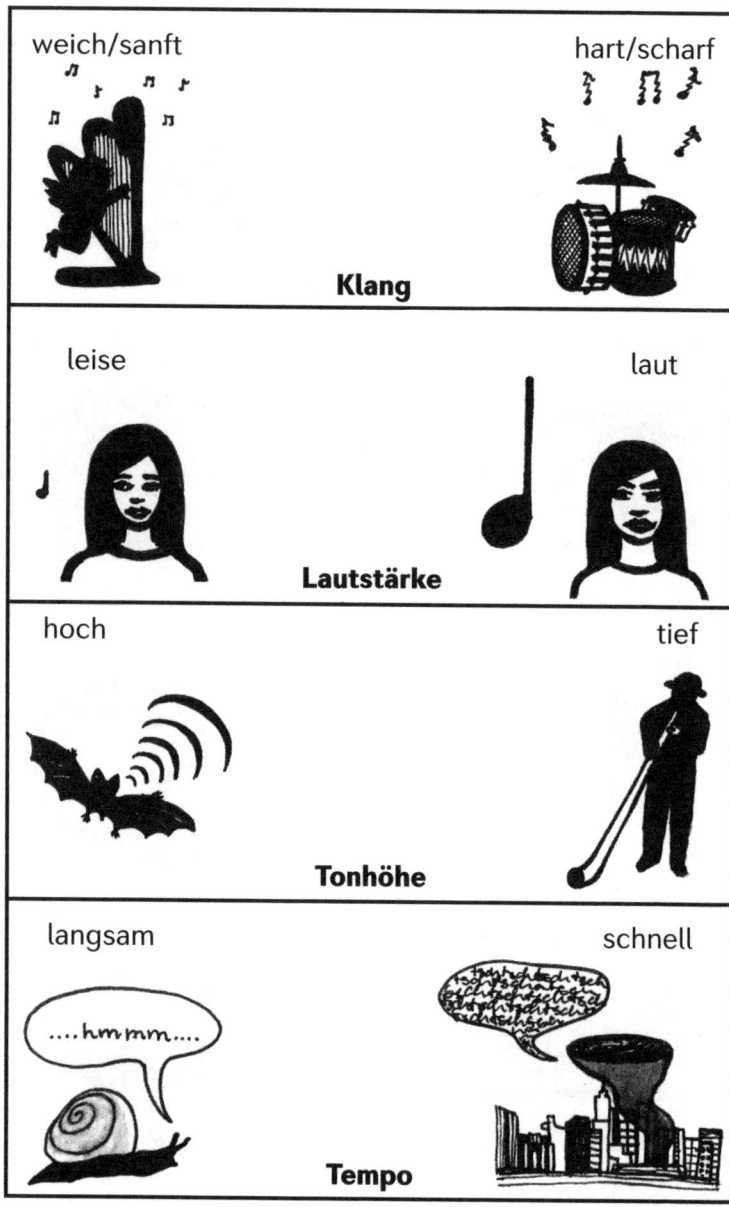

Eigenschaften von „inneren" Stimmen
(Auditive Submodalitäten)

Eigenschaften von Gefühlen
(Kinästhetische Submodalitäten)

eine Stelle    ganzer Körper

Ort/Umfang

hart
trocken
glatt

weich
nass
rau

Oberfläche

kurz

dauerhaft

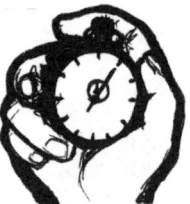   

Dauer

nach innen

nach außen

Richtung

Eigenschaften von Gefühlen
(Kinästhetische Submodalitäten)

langsam   schnell

Geschwindigkeit

leicht   schwer

Gewicht

ein Gefühl   mehrere Gefühle

Anzahl

heiß   kalt

Temperatur

LUST AUF LERNEN, DIE ZWEITE

Hier sind wir wieder zurück bei Max. Was kann er nun tun, um sich das Lernen schmackhaft zu machen, und wie kann er Submodalitäten dazu nutzen? Vergleichen wir nochmal, wie Max an eine Tätigkeit herangeht, die ihm Spaß macht (Videospielen), und wie an eine Tätigkeit, die ihn langweilt (Englisch lernen):

Computerspiel	Englisch lernen
Zeit verfliegt	Zeit vergeht nur langsam
„Ach, nur ein bisschen!"	„Oh je, ist das viel!"
„Kleinigkeit!"	„Riesenberg Arbeit!"
Anfangen ist ganz leicht, geschieht von selbst	Anfangen scheint mühsam, wird aufgeschoben
Neugier auf interessante Details	Alles blöd, „Interessiert mich alles nicht!"
Schwer ist gut: „Ich liebe Herausforderungen!"	Schwer ist schlecht: „Ich hasse das!"
Helle, klare, scharfe Bilder in Bewegung (Film)	Dunkle, verschwommene Vorstellung, Stillstand

Wäre es nicht praktisch, wenn Max seine Motivation zum Computerspielen (die ja großartig funktioniert) aufs Englischlernen übertragen könnte? Dann würde ihm auch das Lernen Spaß machen und leichtfallen!

Probier das mal aus – stellvertretend für Max:

• Denke an eine Tätigkeit, zu der du sehr motiviert bist (für Max ist es das Videospielen). Stell sie dir so vor, dass du jetzt wirklich Lust darauf kriegst.

• Achte auf die Submodalitäten: Wie stellst du dir diese Tätigkeit vor? Ist die Vorstellung davon nah? Groß? Hell? Klar? Bunt? Ein Bild oder ein Film? Gibt es einen Kommentar dazu, eine Stimme, die verlockend klingt? Andere Klänge? Welche Darstellungsweise macht sie besonders anziehend? Und wie fühlt sich diese Anziehungskraft an? Wo in deinem Körper spürst du sie am stärksten?

• Bleib bei diesem Gefühl und lass auch alles andere so, wie es ist – nur tausche jetzt den *Inhalt* der Vorstellung aus! Denke also ans Lernen genauso, wie du auch ans Videospielen denkst, in denselben Submodalitäten. An derselben Stelle, wo „Videospielen" war, siehst du jetzt „Englischlernen", in denselben Farben, derselben Helligkeit und derselben Größe, genauso nah, mit derselben verlockenden Stimme und demselben Gefühl. Hör dieselbe Stimme dieselben Dinge sagen, zum Beispiel: „Ach, nur ein paar Minuten reinschauen, das ist ja gleich passiert!" (– nur dass du diesmal nicht ins Spiel reinschauen willst, sondern ins Buch!)

- Nutze diesen Motivationsschub und mach dich gleich anschließend ans Lernen („nur ein paar Minuten und dann schauen wir mal weiter ...").

So gibt es keine Hemmschwelle mehr, einfach anzufangen, und aus dem Druck, lernen zu müssen, wird der Zug, lernen zu wollen.

SUBMODALITÄTEN – EIN FAZIT

Submodalitäten sind nicht nur nützlich, um dich zu motivieren, sondern auch, um mutiger zu sein, kontaktfreudiger, humorvoller, gelassener ... Die Möglichkeiten sind unbegrenzt. Wann immer du eine Fähigkeit oder einen Gefühlszustand in einem neuen Zusammenhang einsetzen möchtest, kannst du dir als Referenz eine Situation suchen, in der du diesen Zustand ganz automatisch und natürlich erlebst. „Wo ist es für mich völlig natürlich und selbstverständlich, kontaktfreudig (oder heiter oder entspannt) zu sein?" Während du dich mental wieder in diese Situation zurückversetzt, achtest du auf die Submodalitäten, die mit ihr verbunden sind, und dann tauschst du die Inhalte aus. Das heißt, du siehst, hörst und fühlst die Ziel-Situation in denselben Submodalitäten wie die Referenz-Situation.

Noch ein **Beispiel** zur Anwendung: „Wut" ist für die meisten Menschen ein Multimedia-Geschehen, ein Zustand, der sich in mehreren Sinnen ausdrückt:

* **Gefühle:** Wir spüren eine innere Hitze, die sich (meistens von Brust oder Bauch aus) schnell bis in den Kopf ausbreitet. Es gibt auch viel Anspannung, vor allem im Nacken und Kiefer, in Händen und Füßen und in Augen und Lippen.

- **Stimme:** Die „innere" und die „äußere" (auch für andere hörbare) Stimme sind laut und schnell. Der Tonfall ist scharf. Manchmal gibt es auch mehrere „innere" Stimmen, zum Beispiel wenn wir uns in Gedanken mit jemandem streiten (und uns darüber aufregen, was für Frechheiten er in unserer Fantasie sagt!). Diese Stimmen sind oft sehr nah, als würde uns jemand ins Gesicht schreien – was nicht sehr entspannend ist!

- **Bilder:** Die Bilder sind groß, scharf, nah und raumfüllend, das heißt wir sehen kaum etwas anderes außer unseren Erinnerungen und Fantasien. Das Gesichtsfeld verengt sich auf diese Bilder, die sehr massiv erscheinen – also nicht transparent, so dass wir durch sie hindurch schauen (sie durchschauen) könnten. Die Farben sind intensiv (wir sehen rot).

Wenn dir diese Submodalitäten bewusst sind, dann kannst du „mehr Abstand" zu den Bildern und Stimmen bekommen, indem du sie kleiner bzw. leiser werden lässt und weiter weg von dir schiebst. Du kannst auch den Körper entspannen, indem du dir eine besonders angespannte Stelle aussuchst (zum Beispiel den Nacken oder eine Hand), die noch ein bisschen mehr anspannst (um dir die Anspannung voll bewusst zu machen) und dann locker lässt. Sehr oft zieht der übrige Körper nach und es gibt „allgemeine Entwarnung".

Es gibt NLP-Techniken, die auch massive Ängste (zum Beispiel Panikattacken und Phobien) durch solche Veränderungen von Submodalitäten auflösen.

In vielen Fällen reicht es aber auch, dir die Submodalitäten einfach nur bewusst zu machen: Wenn du bei stressigen Gedanken die Darstellungsweise erkennst, dann siehst du sie eher so wie ein Regisseur einen Film anschaut und seine Wirkungsweise versteht: „Aha, extreme Nahaufnahme, der Ton wird voll aufgedreht – das erhöht die Spannung!" Dadurch werden sie nicht mehr mit „der Wirklichkeit" verwechselt, sondern als eine (verzerrte, einseitige) Darstellung erkannt, als ein Film, der abläuft. (Du erinnerst dich: „Die Landkarte ist nicht das Land.") Wenn wir Gedanken als „nur Gedanken" durchschauen, dann verlieren sie ihre hypnotische Macht über unsere Stimmungen. Dann werden wir gelassener und fairer zu anderen und auch zu uns selbst.

UMGANG MIT KONFLIKTEN

UMGANG MIT KONFLIKTEN

Streit gibt es auch unter besten Freunden – und manchmal sogar mit den Eltern! :-) Meinungsverschiedenheiten gehören im Leben ja auch dazu; es wäre langweilig, wenn alle immer dieselben Ansichten und denselben Geschmack hätten, dieselbe Musik hören würden, Fans desselben Fußballvereins wären und denselben Kleidungsstil hätten!

Oft ist es aber so, dass wir uns persönlich angegriffen fühlen, wenn jemand uns widerspricht oder uns kritisiert. Dann verlieren wir leicht den Überblick und reagieren heftiger, als es angemessen wäre. Statt offen für andere Sichtweisen oder Argumente zu sein, graben wir uns in unserer Position ein und verteidigen sie um (fast) jeden Preis. Und unsere beste Freundin erscheint uns plötzlich als Gegnerin, die uns in den Rücken fällt.

In solchen Situationen („im Eifer des Gefechts") sagt man oft Dinge, die man hinterher bereut; man wird verletzend, weil man sich verletzt und gekränkt fühlt.

Um solche Konflikte zu lösen, um fair und möglichst objektiv zu bleiben, ist es nützlich, die Situation aus verschiedenen Blickwinkeln zu betrachten.

WAHRNEHMUNGSPOSITIONEN

1. Ich-Position

In dieser Position ist dir bewusst:

- was du gerade wahrnimmst
- was du denkst
- worauf sich diese Gedanken beziehen
- was du fühlst
- was dir wichtig ist
- was deine Wünsche und Bedürfnisse sind.

2. Du-Position

Du versetzt dich in die Lage deines Gegenübers (zum Beispiel der Freundin, mit der du dich gerade nicht gut verstehst) und überlegst:

- was sie wahrnimmt
- was sie denkt
- was ihr Informationsstand ist
- was sie fühlt
- was ihr wichtig ist
- was ihre Wünsche und Bedürfnisse sind.

Sei dabei möglichst unvoreingenommen! Um eine echte Du-Position einzunehmen ist es notwendig, dass du zeitweilig von deiner eigenen Sichtweise abrückst und offen bist für das Erleben von jemand anderem. Also denkst du nicht: „Wenn ich sie wäre, dann würde ich mich nicht so blöd anstellen" (oder ähnliche Formen von „Wenn ich du wäre, dann wäre ich lieber ich"). Stattdessen kannst du – sozusagen von innen – nachvollziehen, warum deine Freundin sich so verhält, wie sie es tut. (Du nimmst die Du-Position oft ganz automatisch ein, zum Beispiel wenn du überlegst, über welches Geschenk sich jemand anders freuen würde: Du schenkst deiner Oma keine CD mit *deiner* Lieblingsmusik, sondern mit *ihrer*!)

Manchmal ist es gar nicht so leicht, von der Ich-Position abzulassen, in der du „weißt", dass du im Recht bist und dich richtig verhältst und dass deine Freundin im Unrecht ist. Denn aus der Du-Position sieht es vielleicht umgekehrt aus! Das kann sich ein bisschen unbequem anfühlen. Es geht aber auch nicht darum, dass du „schuld" bist, sondern darum, dass du dich schlauer verhalten und besser argumentieren kannst, wenn du weißt, was in deinem Gegenüber vorgeht.

3. Beobachter-Position

Du stellst dir vor, wie ein unbeteiligter Betrachter die Situation wahrnehmen würde. Diesen Außenstehenden kannst du dir als einen kompetenten Ratgeber vorstellen oder auch als jemanden mit originellen Sichtweisen. Er hat Verständnis für dich *und* für dein Gegenüber. In der *Beobachter-Position* kannst du folgende Fragen stellen:

• Wie erlebt ein neutraler Beobachter die Beziehung der beiden (dir und deiner Freundin)?
• Gibt es Missverständnisse zwischen den beiden?

- Was übersehen die beiden?
- Was könnte in dieser Situation helfen?
- Was wäre „objektiv", fair und gerecht?

4. Wir-Position

Dies ist die Haltung der Gemeinsamkeit, das Gefühl, zusammenzugehören. Dieses Gefühl stärkt den Teamgeist: „Wir, die Clique; wir, die Klasse; wir, die Schule; wir als Paar ..."
In der *Wir-Position* ist es klar, dass es der Gemeinschaft schadet, wenn einer den anderen ausnutzt oder betrügt. Du fragst dich:
- Was würde unserer Gemeinschaft gut tun?
- Was würde ihr schaden?
- Was sind unsere gemeinsamen Bedürfnisse?
- Was verbindet uns?
- Was kann ich zum Team beitragen?

Um eine Situation besser zu verstehen, musst du nicht immer alle vier Wahrnehmungspositionen durchspielen. Wähle einfach diejenige aus, die den größten Erkenntnisgewinn verspricht; diejenige, in der du etwas wirklich Neues erfährst!
Du kannst dir auch jeweils einen anderen Platz am Boden oder einen anderen Stuhl für jede Position wählen – das hilft, sie klarer voneinander zu unterscheiden.

Hier ein **Beispiel**:
Nicole war mit ihrer Freundin Sarah zum Mädelsabend verabredet: Popcorn machen, DVD gucken und quatschen. Am späten Nachmittag ruft Sarah an und sagt ab, weil sie angeblich krank ist. Aber als Nicole abends noch mit dem Hund rausgeht, sieht sie Sarah mit Felix in einem Straßencafé sitzen. Nicole ist sauer. Sie will Sarah nicht in der Öffentlichkeit zur Rede stellen, also geht sie heim – aber innerlich kocht sie, und ihre Gedanken kreisen um diese Situation.

```
            NICOLE:
Aaaaah! Ich bin soooo wütend! Das ist doch
Verrat von Sarah - mich einfach zu ver-
setzen, nur weil ihr etwas anderes wich-
tiger ist! Vereinbart ist vereinbart! Und
dann lügt sie mich auch noch an! Freunde
müssen doch ehrlich zueinander sein! Das
habe ich nicht verdient! Ich bin so ent-
täuscht von dieser blöden Kuh! Der werde
ich nie wieder vertrauen!
```

Nicole ist also in der *Ich-Position*, und aus dieser Perspektive fällt sie das eindeutige Urteil: Sarah ist hundertprozentig schuld am Knacks in der Freundschaft. Wenn Nicole aber die Schuldfrage mal beiseite lässt und in die *Du-Position* mit Sarah geht, dann kann sie Sarahs Verhalten vielleicht besser nachvollziehen.

Die *Du-Position* soll natürlich kein Ersatz für ein wirkliches Gespräch mit Sarah sein. Aber solange Nicole nicht mit Sarah sprechen kann, hilft ihr die imaginäre *Du-Position*, von ihrer Wut und ihren Vorwürfen runterzukommen, die sie momentan nur quälen. Sie kann überlegen, was Sarah gedacht und gefühlt haben kann.

NICOLE:
Also wenn ich mich in Sarahs Lage versetze
- was könnte sie dazu gebracht haben,
ihrer besten Freundin zu erzählen, sie
wäre krank, um dann mit Felix auszugehen?
Hm, mal sehen: Sarah hat mir vor ein paar
Wochen immer erzählt, dass sie in Felix
verknallt ist. Na gut, wenn man verliebt
ist, dann ist ein Date wohl wichtiger als
ein Mädelsabend, den wir eh alle paar Tage
machen. Das verstehe ich ja. Aber warum
sagt sie mir das nicht einfach? Hatte sie
Angst, dass ich gekränkt bin, wenn sie mir
absagt? Moment, ich habe ja neulich zu
Sarah gesagt, dass ich Felix für einen
absoluten Loser halte, der überhaupt nicht
zu ihr passt. Vielleicht war es ihr peinlich, dass sie jetzt doch mit ihm ausgeht?
Aber das habe ich alles ja nur gesagt, um
sie zu trösten, weil Felix kein Interesse
an ihr gezeigt hat! So nach dem Motto: „Du
hast eh einen Besseren verdient!" Ich

freue mich ja, wenn es was wird mit den
beiden! Aber das kann Sarah natürlich nicht
wissen. Vielleicht ist es das.

In der Du-Position kann Nicole also verstehen, warum
Sarah sie angelogen und versetzt hat. Das heißt nicht,
dass Sarah sich richtig verhalten hat. Aber zu einer
Freundschaft gehört vielleicht auch, zu akzeptieren, dass
Freunde Schwächen haben und sich manchmal blöd verhalten. Und in der Beobachter-Position könnte sich
Nicole fairerweise erinnern, dass sie auch schon mal
eine Freundin angelogen hat ... und ihren letzten Freund.
Und von ihren Eltern und Großeltern brauchen wir gar
nicht anzufangen. Tja, sowas scheint also manchmal vor-
zukommen, auch wenn man sich mag und sich wichtig
ist.

Soll Nicole also einfach den Mund halten und verschweigen, dass sie Sarah mit Felix „ertappt" hat? Das
Gespräch würde ja wahrscheinlich anstrengend und vielleicht peinlich. Also „Schwamm drüber"?

Jetzt geht sie in die „Wir-Position":

NICOLE:
Wir sind richtig gute Freundinnen, und es
wäre schön, wenn wir uns voll vertrauen
könnten. Wenn ich Sarah verschweigen würde,
dass ich sie gesehen habe, dann wäre das
eigentlich auch genauso ein Verheimlichen,
das wir zwischen uns nicht brauchen.

Außerdem soll Sarah ruhig wissen, dass ich traurig über ihr Verhalten war. Ich glaube, unsere Freundschaft ist stabil genug, dass wir uns alles sagen können, auch wenn das mal unbequem ist. Also: Statt es zu verheimlichen, spreche ich morgen mit Sarah.

Nachdem Nicole diese Wahrnehmungspositionen durchgespielt hat, geht es ihr wieder besser: Die Aufregung hat sich gelegt, sie interessiert sich für Sarahs Sichtweise und sie möchte die Sache offen und fair mit ihr klären, zum Wohle der Freundschaft.

STARRE UND VERZERRTE POSITIONEN

Wer immer nur in einer einzigen Standard-Position verharrt, hat eine eingeschränkte Sicht der Welt. Das führt oft zu Problemen:

• Die meisten Menschen beurteilen die Welt gewohnheitsmäßig aus der *Ich-Position*. Wenn jemand immer nur diese Position einnimmt, dann wird er zum krassen Egoisten, der davon ausgeht, dass er automatisch im Recht ist. Es fehlt ihm an Einfühlungsvermögen, Verständnis und Mitgefühl.

- Manche sehen sich und die Welt aber vor allem aus den Augen der anderen; sie versuchen ständig zu erraten oder zu erspüren, was die Mitmenschen denken, brauchen, erwarten ... Wenn das bei dir so ist, dann bist du sicher sehr einfühlsam und verständnisvoll für andere – vielleicht mehr als für dich selbst! Wenn dir wichtiger ist, was andere denken, dann verlierst du leicht deine eigenen Meinungen, Wünsche und Bedürfnisse aus den Augen. Pass auf, dass du dabei nicht ausgenutzt wirst! Die *Du-Position* ist nicht dazu da, anderen automatisch Recht zu geben, sondern dazu, ihre Sichtweisen und Argumente besser zu verstehen und einzuschätzen. Dann kannst du sie mit deiner eigenen Sichtweise vergleichen, und dazu brauchst du eine klare *Ich-Position*.

Denn wenn sich alles für dich nur darum dreht, es den anderen recht zu machen, dann wirst du dich oft unsicher fühlen: Wir können ja oft nur vermuten, was in anderen vorgeht – und vielleicht stellst du sie dir viel kritischer vor als sie eigentlich sind. Wenn dir zum Beispiel ganz vieles peinlich ist, dann siehst du dich wahrscheinlich oft aus der Sicht von jemandem, der dich (oder dein Verhalten) peinlich findet. Denn wenn man allein ist oder mit guten Freunden zusammen ist, dann ist einem ja kaum etwas peinlich. Mach dir klar, dass dieser Peinlichkeitsrichter keine wirkliche Person, sondern deine eigene Fantasie ist! Sich selbst mit so kritischen Augen zu sehen ist also auch keine wirkliche Du-Position, weil dieses „Du" nur ein Schreckgespenst ist: nur eine Befürchtung, die zu ernst genommen wird.

- Manche Leute nehmen fast automatisch die *Position eines distanzierten Beobachters* ein. Diese Position hilft, kühlen Kopf zu bewahren und sich nicht in Emotionen zu verstricken. Dadurch kann einem natürlich auch eine Menge Spaß entgehen, denn es ist nicht immer nötig, sich kontrolliert und überlegt zu verhalten. Manchmal ist es ja auch schön, leidenschaftlich und impulsiv zu sein!

- Die *Wir-Position* kann auch zum Herdentrieb ausarten, wenn man sich immer gruppenkonform verhält und nie eine andere Meinung äußert: nach außen hin rebellisch, nach innen angepasst.
Dreht sich mein ganzes Interesse nur um die Clique, den Partner oder den Verein, dann fühle ich mich einsam und wertlos, wenn ich mal allein bin.
Die *Wir-Position* kann auch einen Zusammenhalt auf Kosten anderer bedeuten: „Wir sind die In-Gruppe und die Außenstehenden sind die ahnungslosen Loser". Wenn das Wir-Gefühl darin besteht, andere auszugrenzen und auf sie herabzuschauen, dann ist die Gruppe nicht viel wert: Der Halt, den sie ihren Mitgliedern gibt, besteht aus Verachtung für andere. Dann nährt die Gruppe die Vorstellung, sich von der Umwelt isolieren zu müssen – wodurch es umso wichtiger erscheint, den Schutz der Gruppe zu suchen.

FAZIT

Mehrere Wahrnehmungspositionen einzunehmen macht dich flexibler im Denken und Verhalten, und es befreit dich aus starren und verzerrten Sichtweisen. All deine Beziehungen werden davon profitieren, wenn du deine Bedürfnisse mit den Bedürfnissen anderer unter einen Hut bringen kannst. Dann kann aus einem Gegeneinander ein Miteinander werden: ein verständnisvolles gegenseitiges Unterstützen.

STRESS UND DER TUNNELBLICK

STRESS UND DER TUNNELBLICK

Schon wieder viel zu spät aufgestanden? Die Hausaufgaben vergessen? Nörgelnde Eltern, nervige Geschwister? Wenn du gestresst bist, dann schüttet der Körper Adrenalin aus. Damit macht er sich bereit zum Kampf oder zur Flucht. Das ist ein Überbleibsel aus unserer biologischen Geschichte; heutzutage ist es zum Glück kaum noch nötig oder sinnvoll, körperliche Gewalt einzusetzen. Aber für einen Steinzeitmenschen war es überlebenswichtig, mittels dieses Adrenalinstoßes blitzschnell im Kampfmodus zu sein. Dadurch verengt sich auch sein Blickfeld: Er sieht nur noch mit Tunnelblick und fixiert sich auf seinen Gegner oder seine Beute; alles andere verschwimmt im Hintergrund. Stell dir vor, wie unser Steinzeit-Ahne plötzlich einem Löwen gegenübersteht. Das wäre kein guter Zeitpunkt, sich durch die Umgebung ablenken zu lassen: „Waah, ein Löwe! ... aber hübsche Blumen wachsen hier ..."

In Gefahrensituationen ist dieser Tunnelblick also sehr zweckmäßig; dann kann es nötig sein, sich auf eine einzige Sache zu konzentrieren. In unserem modernen Alltag begegnen wir aber kaum noch Löwen, und der Tunnelblick macht es uns unnötig schwer, den Überblick über die Situation zu behalten.

Die meisten Menschen in unserer Zivilisation bringen trotzdem einen Großteil ihres Lebens im Stressmodus zu! Sie fühlen sich zum Beispiel persönlich „angegriffen", wenn ihr Verhalten oder ihre Gedanken kritisiert werden.

Und anschließend kreisen die Gedanken um diesen scheinbaren Angriff: „*Das* hätte ich sagen sollen!" – „So eine Frechheit, was bildet der sich ein!" – „Aber wenn der mir morgen wieder so blöd kommt, dann ...!" usw. Der Körper bleibt im Stressmodus, und dadurch kommt es ihm so vor, als wäre er ständig bedroht. Deshalb erscheint es so wichtig, weiter über die Situation nachzudenken. Und so geht's dann im Kreis: Gedanken erzeugen Stress, Stress erzeugt Gedanken. Dazu muss noch nicht einmal wirklich etwas passiert sein – es reicht schon die Vorstellung, was passieren *könnte*!

Wahrscheinlich kennst du auch solche Kreisläufe. Vielleicht hattest du mal Angst vor einer Schularbeit oder einem Referat, Streit mit einer Freundin oder Sorgen, wie ein Freund sich verhalten wird ...

Interessanterweise fällt es uns kaum auf, wenn wir mit diesem Tunnelblick sehen! Wir haben uns so daran gewöhnt, dass wir ihn für normal halten. Schon in der Grundschule haben wir gelernt, uns zu „konzentrieren" – was bedeutete, angestrengt auf ein Wort oder eine Zahl zu starren und alles andere in den Hintergrund zu drängen. Und weil alles andere im Hintergrund bleibt, merken wir oft nicht einmal, dass wir überhaupt angestrengt denken. Daher erinnern wir uns auch nicht, dass es auch anders geht! Denn Konzentration muss nicht mit Stress und auch nicht mit Anstrengung verbunden sein.

Wenn wir „in Gedanken sind", dann richtet sich der Tunnelblick auf einen Gedanken, dann auf seinen Nachfolger, dann auf den nächsten ... Wir bleiben auf den

Gedanken-Kanal fixiert, und der Rest der Welt bleibt im Hintergrund. Dadurch erscheinen die Gedanken-Inhalte so real. Das kann Spaß machen, wenn es sich um angenehme Tagträume handelt. Meistens aber erzeugt dieser Gedanken-Tunnel ein eher dumpfes, enges, unbefriedigendes Gefühl, so als wäre man nicht ganz da.

Wenn „du" in so einem Gedanken-Tunnel bist (eigentlich ist ja nur die Aufmerksamkeit im Tunnel, nicht du), dann ist es oft schwierig, die Gedanken abzustellen. Denn der Gedanke „Ich will nicht mehr daran denken" ist ja auch nur ein Gedanke mehr! Viel leichter ist es, einfach auf den Raum zu achten, in dem du bist, deinen Körper zu spüren, die Geräusche um dich herum zu bemerken, die Gegenstände oder Menschen um dich herum anzusehen ... kurz gesagt: dein Bewusstsein zu erweitern, indem du deine fünf Sinne wieder in den Vordergrund kommen lässt.

Das belebt und erfrischt, und in dieser wiedergefundenen geistigen und körperlichen Weite haben auch die Gedanken locker Platz. Sie erscheinen jetzt nur nicht mehr so ernst und wichtig, nicht mehr als „Wirklichkeit", sondern werden als „nur so Gedanken" erkannt.

Dieser Trick, wieder mehr Raum ins Erleben einzulassen, wird dir auch helfen, wenn du mal einen Blackout hast, zum Beispiel in einer Schulaufgabe oder wenn du abgefragt wirst. „Blackout" heißt ja nichts anderes, als dass du „den Faden verloren" hast: Die Gedankenkette reißt plötzlich ab, und es kommt nur noch der Gedanke „Oh Gott! Oh Gott! Ich weiß nicht mehr weiter! Oh Gott!"

... in einer Endlosschleife. Wenn du in diesem Moment wieder zum Weite-Modus übergehst, dann löst sich diese Fixierung sofort, du hast wieder Überblick über die Situation und das Denken kann sich neu sortieren.
Das klingt sehr einfach, und das ist es auch. Dieser Weite-Modus bedeutet für den Körper: „Entwarnung! Keine Gefahr!" – also kann er locker lassen. Und wenn du entspannt bist, hast du einfach mehr Überblick, mehr Gelassenheit, mehr Humor, mehr Flexibilität, mehr Spaß!

PER SCHIEBEREGLER IN DIE GEGENWART

Hier eine Methode, die du üben kannst (aber übe sie nicht in der Schulaufgabe!), um die Aufmerksamkeit wieder in die fünf Sinne zu lenken, so dass sie aus dem Tunnelblick in die Weite des Erlebens zurückkehrt:

- **SEHEN:** Lege den kleinen Finger der linken Hand auf den Fingernagel deines rechten Zeigefingers. Stell dir den Zeigefinger als Schieberegler vor, der die Intensität des visuellen Erlebens anzeigt (und später steuern wird): Je mehr das *Sehen* bewusst wird, desto mehr fährst du den Finger entlang in Richtung Handgelenk.

Jetzt achte auf alles, was du momentan *sehen* kannst. Wieviele Farben siehst du? Wieviele Schattierungen? Welche runden Formen und welche eckigen? Wie sind die Abstände zwischen den Gegenständen? Welche Bewegungen siehst du? Wie weit ist dein Blickfeld? Lass es noch weiter werden!

Während deine Aufmerksamkeit sich immer mehr aufs *Sehen* richtet, fahre mit dem linken kleinen Finger langsam den rechten Zeigefinger herab über den Handrücken bis zum Handgelenk. Das sollte etwa zwei Minuten dauern.

* **HÖREN:** Jetzt lass den kleinen Finger weg und lege stattdessen den linken Ringfinger auf den Fingernagel des rechten Mittelfingers, der zum Schieberegler fürs *Hören* wird.

Achte auf alles, was du jetzt *hören* kannst: die Geräusche im Raum und draußen, deinen Atem, vielleicht ein Rauschen in deinen Ohren ... Nimm auch hier die Abstände zwischen verschiedenen Geräuschen wahr. Achte auch auf die Stille, aus der die Klänge hervortreten, und die besonders „hörbar" wird, wenn ein Geräusch endet.

Während deine Aufmerksamkeit sich immer mehr aufs *Hören* richtet, fahre mit dem linken Ringfinger langsam den rechten Mittelfinger herab über den Handrücken bis zum Handgelenk. Das sollte auch wieder etwa zwei Minuten dauern.

• **FÜHLEN:** Hebe den linken Ringfinger wieder auf und lege stattdessen den linken Mittelfinger auf den Nagel des rechten Ringfingers – unseren Startpunkt fürs *Fühlen*.

Achte jetzt auf alles, was du *fühlen* kannst: den Boden unter deinen Füßen (wenn du die Füße auf dem Boden hast); deine Socken (wenn du welche trägst); das Gefühl, wenn du mit den Zehen wackelst; deine Fußsohlen; den Raum, den deine Füße und deine Hände einnehmen; deinen ganzen Körper und die Stellen, wo er die Umgebung berührt (Boden, Sitz oder Bett); die Kleidung an deinem Körper und die Luft, die deinen Körper umgibt; die Temperatur; vielleicht ein Luftzug; das Heben und Senken der Brust beim Atmen; die Luft, die du in der Nase spürst – kühler beim Einatmen und wärmer beim Ausatmen …

Während deine Aufmerksamkeit sich immer mehr aufs *Fühlen* richtet, fahre mit dem linken Mittelfinger langsam den rechten Ringfinger herab über den Handrücken bis zum Handgelenk. (Wie üblich: ungefähr zwei Minuten.)

• **RIECHEN/SCHMECKEN:** Statt dem Mittelfinger lege als letztes den Zeigefinger der linken Hand auf den Nagel des rechten kleinen Fingers. Dies wird der Schieberegler für *Riechen* und *Schmecken*.

Welchen Geschmack hast du gerade im Mund? Welche Gerüche nimmst du momentan wahr? Wenn du willst, kannst du an verschiedenen Gegenständen riechen (Blumen, Socken ...).

Während deine Aufmerksamkeit sich immer mehr aufs *Riechen* und *Schmecken* richtet, fahre mit dem linken Zeigefinger langsam den rechten kleinen Finger herab bis zum Handgelenk.

• **ALLE SINNE GEMEINSAM:** Bisher haben wir die ganze Aufmerksamkeit auf jeweils einen Sinneskanal gerichtet (außer beim Riechen und Schmecken, die wir zu einem „Schieberegler" zusammengefasst haben, weil sie so eng miteinander verwandt sind). Jetzt wollen wir alle Sinne gemeinsam erleben und intensivieren. Lege dazu die vier Fingerspitzen der linken Hand auf die Fingernägel der rechten Hand (so wie vorher, aber diesmal gleichzeitig). Fahre nun mit den Fingern der linken Hand die Finger der rechten Hand entlang bis zum Handgelenk. Achte dabei darauf, wie die Sinne gleichzeitig erlebt werden und wie sie „raumfüllend", klarer, weiter und lebendiger werden.

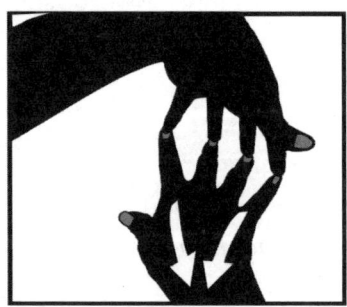

Nach dieser Übung berichten viele Leute, wie stark sich ihr Erleben verändert hat. Hier einige Beispiele:

- Farben werden intensiver, satter und leuchtender wahrgenommen (zum Beispiel „knallen" Rot-Töne viel mehr); das Sehen wird schärfer und plastischer.
- Viel mehr Geräusche werden gleichzeitig gehört und können klarer lokalisiert werden; das Gehör verbessert sich und Klänge werden lauter.
- Die Gedanken haben aufgehört oder sind in den Hintergrund getreten, und die Nervosität, die mit vielen Gedanken verbunden ist, hat sich gelegt.
- Der Körper wird als Ganzes erlebt, statt dass nur einzelne Körperteile bewusst sind; ein Gefühl wacher Ruhe breitet sich aus; es ist ein Genuss, einfach nur da zu sein und Sinneseindrücke zu erleben.

Du kannst natürlich ganz andere Erfahrungen machen, das ist individuell verschieden. Aber wenn die Übung funktioniert hat, dann besitzt du jetzt einen Schieberegler, der deine Aufmerksamkeit sanft und schnell in die sinnliche Gegenwart zurückkehren lässt.

ANKER

Beim ersten Durchgang war das Entlangfahren an den Fingern nur ein Anzeiger: Je intensiver die Wahrnehmung eines Sinneskanals, desto mehr fährt der Finger in Richtung Handgelenk. Wenn dieser Zusammenhang aber erst mal hergestellt ist, dann funktioniert er auch umgekehrt: Wenn du die Finger entlang fährst, dann weiß der Organismus (oder das Unbewusste): Aha, das bedeutet, die Aufmerksamkeit auf die Sinne zu lenken. Je öfter du die Übung mit den einzelnen Fingern wiederholst, desto stärker wird dieser Zusammenhang und desto leichter und schneller kannst du in diesen entspannten, wachen Zustand kommen.

Die Verknüpfung eines Zustands mit einem Auslöser (in unserem Fall dem Schieberegler) heißt im NLP „Ankern". Jeder Bestandteil einer Erfahrung (also jeder Sinneseindruck, der zu dieser Erfahrung gehört) kann die ganze Erfahrung wieder hervorrufen: Die Erinnerung ist an ihn „geankert". Wenn du zum Beispiel ein Lied hörst, das in deinem letzten Urlaub immer in der Strandbar lief, dann wird dieses Lied wieder Erinnerungen an den Urlaub wecken: Bilder vom Strand und von Leuten, die du getroffen hast, vielleicht den Klang der Wellen, das Gefühl von Wärme und Sand und Salz auf der Haut ... Das Lied versetzt dich wieder in Urlaubsstimmung; es ist ein Anker für Urlaubsstimmung.

Auch die Werbung arbeitet mit solchen Ankern: Du siehst im Fernsehen sexy Models, die auf einer tollen Party viel Spaß haben – und wünschst dir, auch zu diesen glücklichen Partygängern zu gehören und viel Spaß mit Models zu haben. Im Werbeclip läuft ein bestimmter Song und ein Produkt wird dazu gezeigt. Egal ob Bier oder Kaugummi oder Handy oder Schuhe oder Shampoo – jedenfalls werden die schönen Bilder an die Party und den Wunsch, dabeizusein, geankert. Im

Unbewussten entsteht eine Verbindung, als ob du auf die Party kämst, wenn du dieses Handy kaufst, oder als ob du zum Model würdest oder mit einem flirten würdest, nur weil du dieses Bier trinkst. Und jedesmal, wenn du den Werbesong hörst, werden diese Bilder in deinem Unbewussten wieder aktiviert.

Die Welt ist voller solcher Anker, und das lässt uns vielleicht Dinge kaufen, die wir nicht brauchen („Aber du hast doch schon einen mp3-Player!?" – „Ja, aber keinen von Apple, mit dem ich mich beim Twittern filmen kann!"). Wir können Anker aber auch sinnvoll einsetzen, so wie wir das in der vorigen Übung getan haben.

Ein Anker ist wie ein Akku. Lade ihn immer wieder mal auf, indem du bewusst darauf achtest, was du gerade siehst, hörst, fühlst, riechst und schmeckst, und dabei langsam die einzelnen Finger entlangfährst. Dann kannst du ihn umso effektiver einsetzen, wenn du mit deiner Aufmerksamkeit „voll da sein" willst. Um den Anker abzurufen, brauchst du nur den Teil, wo du alle vier Finger gleichzeitig entlangfährst. Probier das mal aus, wenn du dich besser konzentrieren willst und wenn du Gedankenschleifen unterbrechen möchtest. Aber auch einfach so, um die sinnliche Gegenwart (das Eis, das Bad, das Bett ...) mehr zu genießen. Dieser Anker kann dich auch sehr viel wacher, aufmerksamer und spontaner im Zusammensein mit jemand anderem machen!

Prinzipiell kann jeder Zustand geankert werden. Ob er in einer bestimmten Situation wieder abgerufen werden kann, hängt davon ab, wie gut er zu ihr passt, wie stark der Anker und wie intensiv der momentane Zustand ist. An Depressionen wird ein Fröhlichkeitsanker nicht viel ändern. Ein Anker ist kein Knopf, den man auf einer Fernbedienung drückt und der das Programm auf jeden Fall wechselt – sondern eher eine Erinnerungshilfe fürs Unbewusste, ein Angebot, den momentanen Zustand zu ändern.

Manche NLP-Bücher vermitteln den Eindruck, als sollte man ständig an seinem Zustand rumschrauben. Das nährt den Glauben, dass du oder dieser Moment oder das Leben ständiges Nachhelfen und Verbessern brauchen. Meistens weiß der Organismus aber von selbst sehr genau, welcher Zustand gerade passt, und du kannst ihm darin einfach vertrauen. Du willst dich ja auch nicht um die richtige Menge Sauerstoff im Blut kümmern müssen oder beim Gehen jedem Fuß bei jedem Schritt sagen müssen, was er tun soll. Ohne diese Einmischung läuft „es" einfach – von selbst. Wenn das Denken sich aber mal wieder in Endlosschleifen verheddert oder sich eine Gewohnheit hartnäckig hält, dann kann ein gezielt eingesetzter Anker dem Organismus helfen, die Spur zu wechseln, sich an anderen Erlebensweisen zu orientieren und sich auf einen passenderen Zustand zu besinnen.

TRÄUME VERWIRKLICHEN

TRÄUME VERWIRKLICHEN

(Marie steht vor dem Spiegel und singt)

MARIE:

♩ ♫ ♪ Oooh baby! ...♪ ♩ ♪ ♩ Yeah! ♪ ♪ ♩

MARIE:

Mann, Singen macht mir total Spaß! Ich
wäre wahnsinnig gerne eine Sängerin! So
auf der Bühne stehen und vor Publikum
singen ... Aber da könnte ich mich auch
unsterblich blamieren. Das wäre furchtbar,
wenn mir die Stimme versagt und ich total
zittrig klinge und dann ausgelacht werde!
Nein, ich habe viel zu viel Angst, und so
gut bin ich wahrscheinlich auch nicht.
Schade, aber es wäre schon toll ... Naja,
ich bin wohl einfach nicht der Typ für die
Bühne. Verdammt, ich habe einfach zu wenig
Selbstvertrauen! Oder überschätze ich mich
etwa? ...

Wäre Marie eine gute Sängerin? Wir wissen es nicht. Was
wir aber wissen: Mit dieser konfusen Art zu denken wird
es für sie schwer, ihren Traum zu verwirklichen.

Denn eigentlich sind da zwei Denkweisen gleichzeitig
aktiv, die sich gegenseitig widersprechen: Eine, die sich

ausmalt, was sie sich wünscht („Es wäre schön, vor Publikum zu singen!") und eine, die sich vorstellt, was schiefgehen könnte („Ich könnte mich blamieren!"). Und dadurch, dass die Wünsche und die Befürchtungen gleichzeitig kommen, wird der Traum sabotiert statt verwirklicht.

Wenn man aber versucht, die Bedenken einfach zu verdrängen („Ach, es wird schon gut gehen!"), dann übersieht man, dass sie wichtig sind, um sich vorzubereiten und um Pannen zu vermeiden. Marie würde zum Beispiel riskieren, ausgelacht zu werden.

Es gibt aber eine Methode, wie Wünsche und Bedenken harmonisch zusammenwirken können, um Ziele zu verwirklichen. Der Trick ist, sie nicht durcheinander sprechen zu lassen, sondern nacheinander!

Diese Methode heißt im NLP „Walt-Disney-Strategie". Denn sie ist abgeschaut von Walt Disney, der große Träume hatte (Zeichentrickfilme, Comics, Disneyland …) und durch ihre Verwirklichung steinreich geworden ist.

Wenn es dir ähnlich geht wie Marie – es gibt etwas, das du gerne tun würdest, aber du traust dich nicht –, dann kannst du diese Strategie durchspielen. Und so funktioniert sie:

- Für die Planung hast du einen Beraterstab, ein „inneres Team" mit verschiedenen Zuständigkeiten:

1) Einen *Träumer*, der nur darüber nachdenkt, was du dir wünschst, was das Schöne am Erreichen deines Ziels wäre usw.

2) Einen *Macher*, dem es nur darum geht, wie dieser Traum in die Tat umgesetzt werden kann: Welche Schritte sind dazu nötig? Wie fängt man an? Usw.

3) Einen *Kritiker*, der nur überlegt, was schiefgehen könnte, was der Spaß kosten würde, ob sich der Aufwand lohnt usw.

Es kann hilfreich sein, sich diese Berater wie Personen vorzustellen, obwohl sie natürlich nur Denkweisen sind. Du bist ihr Einsatzleiter oder Projektmanager und sorgst dafür, dass nur derjenige aus deinem „inneren Team" spricht, der gerade dran ist. Wenn sich Einwände melden („Das wäre schön, aber ..." oder „Du siehst das viel zu negativ, das wird schon klappen!"), dann weise diesen Berater (also diesen Gedanken) darauf hin, dass er jetzt nicht dran ist, aber dass er anschließend noch ausführlich zu Wort kommt und ganz sicher gehört wird. Um diese zeitliche Trennung klar aufrechtzuerhalten, kannst du die Berater auch räumlich trennen. Zum Beispiel kannst du drei Stühle im Dreieck aufstellen und jeder Berater bekommt seinen eigenen Stuhl.

- Setze dich auf den *Träumer*-Stuhl und beginne damit, dir deinen Traum auszumalen, so als wäre er schon verwirklicht. Stell dir vor, alles hat geklappt, so wie du es willst. Das muss nicht realistisch sein – Realismus ist ja nicht die Aufgabe des Träumers. Genieße lieber die Vorstellung, am Ziel deiner Wünsche zu sein!

- Dann wechsle in den *Macher*-Modus, indem du dich auf seinen Stuhl setzt. Sei unternehmungslustig und überlege, *wie* der Traum konkret verwirklicht werden kann. Was ist dazu nötig? Wie kannst du dich vorbereiten? Wer kann dir dabei helfen?

- Anschließend schlüpfe in die Rolle des Kritikers: Setz dich auf den *Kritiker*-Stuhl und überlege, woran die Umsetzung des Traums scheitern könnte. Jetzt ist der Kritiker kein Spielverderber mehr, sondern dein Sicherheitsberater – ein Beschützer, der Risiken und Nebenwirkungen einkalkuliert. Also: Was könnte schiefgehen? Welche Fehler sollen vermieden werden? Und ist der Traum den (zeitlichen und finanziellen) Aufwand wert?

- Das war der erste Durchgang; jetzt weißt du schon mehr. Nimm die neuen Informationen vom Macher und vom Kritiker mit zum *Träumer*. In der nächsten Runde geht es darum, diese Erkenntnisse in den Traum einzubauen. Für den Träumer heißt das: Was ist das Schöne am Traum? Wie kann der Traum (wenn nötig) abgewandelt oder variiert werden und immer noch genauso schön bleiben? Diese Variante des Traums wird dann vom *Macher* weiter konkretisiert, und dann überprüft sie der *Kritiker* wieder auf Schwachpunkte und Risiken.

- Das Spiel endet, wenn du in allen Positionen – als *Träumer*, als *Macher* und als *Kritiker* – zufrieden bist: Du weißt, was du willst; du weißt, welche Schritte du dafür unternehmen wirst; und du hast das Risiko des Scheiterns minimiert.

Lass uns nochmal zu Marie zurückkehren, nachdem sie *Träumer-Macher-Kritiker* gespielt hat. Jetzt hat sie entschieden, nicht gleich vor großem Publikum zu beginnen (wo sollte sie das auch hernehmen?), sondern in kleineren Schritten auf ihr Ziel zuzugehen:

- Erstmal nimmt sie ihren Gesang auf, um sich selbst „von außen" singen zu hören.
- Sie nimmt eine Gesangsstunde, um Tipps von einer Expertin zu bekommen (und vielleicht auch mehrere Stunden, wenn ihr der Unterricht gefällt und sie weiterbringt).
- Sie besorgt sich ein Spiel wie „Singstar" und singt mit ihren Freundinnen. Das ist schon ein Publikum, aber ohne große Erwartungen. So kann sie mögliches Lampenfieber umgehen, sich an Mini-Auftritte

gewöhnen und einen Hauch von Live-Atmosphäre genießen.

- Sie veranstaltet eine Karaoke-Party oder geht zu einer hin, um dort zu singen. Auch hier erwartet keiner Profi-Gesang, sondern gemeinsamen Spaß.
- Vielleicht stellt sie eine Gesangsaufnahme, die sie richtig gut findet, ins Internet, um Feedback von möglichst vielen Leuten zu bekommen.
- Nach diesen ersten Schritten will sie in einer Band singen, die vielleicht schon ein paar Auftritte hat.

Mit dieser Vorgehensweise überfordert Marie sich nicht, aber sie lässt sich den Traum auch nicht vom Kritiker verderben. Stattdessen nutzt sie seine Bedenken, um die Schritte zu planen, die sie am sichersten an ihr Ziel bringen. Der *Träumer*, der *Macher* und der *Kritiker* sind ein Dream-Team geworden, das ihr hilft, Wünsche zu verwirklichen.

NEUE SICHTWEISEN, NEUE ERKENNTNISSE

NEUE SICHTWEISEN, NEUE ERKENNTNISSE

In schwierigen Situationen verliert man leicht den Überblick. Wir haben ja schon besprochen, wie das kommt: Durch den Tunnelblick erscheint es einem, dass es nur *eine* richtige Art gibt, das Problem zu sehen. Man verschanzt sich hinter seiner Sichtweise, man verteidigt sie, als wäre Recht zu behalten wichtiger als Lösungen zu finden. Selbst wenn Leute sagen: „Ich habe schon alles versucht", dann haben sie meistens nur zwei oder drei Dinge ausprobiert (aber die vielleicht ziemlich oft).

Unsere bisherigen Vorschläge, um flexibler im Denken zu werden und auf neue Ideen zu kommen, waren:

- vom Scheuklappen- auf den Weite-Modus umzuschalten, und
- verschiedene Wahrnehmungspositionen durchzuspielen.

URSPRÜNGLICHE BEDÜRFNISSE

Hier eine weitere Möglichkeit, aus Sackgassen herauszufinden:

Überlege, welches Bedürfnis durch dein bisheriges Verhalten oder deinen Plan erfüllt werden sollte! Was erhoffst du dir, was möchtest du eigentlich erreichen? Welcher Wunsch motiviert dein Handeln?

Dazu zwei **Beispiele** aus diesem Buch:

- Hanna (aus „Hanna und die Party") möchte mit Tim sprechen, *um* ihm näher zu kommen, *weil* sie mit ihm zusammen sein will. Die Absicht ist also Nähe, Kontakt, vielleicht Liebe ... Und wenn Hanna erkennt, dass es viele Möglichkeiten gibt, mit Tim in Kontakt zu kommen, dann ist sie nicht mehr so fixiert auf die Vorstellung, wie das geschehen soll.

- Max (aus „Lust auf Lernen") schiebt das Englischlernen auf und spielt lieber Videospiele, *um* etwas Unangenehmes zu vermeiden und *um* Spaß zu haben. Die gute Absicht ist also, Spaß zu haben und sich gut zu fühlen. Es gibt aber auch die Absicht, die Schule zu schaffen (um später mal eine gut bezahlte, interessante Arbeit zu finden). Das muss kein Widerspruch sein: Der Wunsch, sich gut zu fühlen, kann Max auch beim Englischlernen unterstützen. Wenn er mit den Hausaufgaben fertig ist, fühlt er sich ja besser und erleichtert, weil sie ihm dann nicht mehr wie eine Drohung im Nacken sitzen. Anschließend macht ihm das Videospielen umso mehr Spaß. Und wenn Max die Lust, die er aufs Videospielen hat, auf die Hausaufgaben überträgt, dann kann auch damit schon die gute Absicht „Spaß" verwirklicht werden.

Je genauer du weißt, worum es dir geht – was das eigentliche Bedürfnis hinter deinem Verhalten ist – und je flexibler du in deinem Verhalten bist, desto sicherer wirst du das erreichen, was du dir wünschst. Dies ist ein sehr nützliches Prinzip, um eine störende Verhaltensweise zu ändern:

• Finde die Absicht, die das Verhalten erfüllen soll: Was soll damit erreicht werden? Was erhoffst du dir davon? Welcher Wunsch, welches Bedürfnis steckt dahinter? (Zum Beispiel: „Ich nehme Drogen, um Stress abzubauen, um abzuschalten und mich zu entspannen.")

• Finde bessere Möglichkeiten, diese Absicht zu erfüllen – Möglichkeiten, die besser und reibungsloser funktionieren als das alte Verhalten. (Zum Beispiel: „Was stresst mich eigentlich so, dass ich Drogen brauche? Wo kommt dieser Stress her? Viel Stress kommt überhaupt erst durch die Drogen: Beschaffen, Verheimlichen, Zeit- und Geldaufwand ... Den könnte ich mir sparen. In den Armen meiner Freundin könnte ich mich super entspannen – wenn ich eine Freundin hätte! Vielleicht kann ich mich mal darum kümmern statt immer nur um Drogen?")

REFRAMING

Dieser Ansatz heißt „Reframing" oder „in einen anderen Rahmen setzen". Mit „Rahmen" ist hier eine bestimmte Sichtweise gemeint; „in einen anderen Rahmen setzen" bedeutet also, die Situation in einem neuen Licht, unter einem neuen Gesichtspunkt zu sehen (zum Beispiel: statt sich auf ein bestimmtes Verhalten zu fixieren zu überlegen, welches Bedürfnis dadurch erfüllt werden soll).

Dadurch wird klar, dass die bisherige Vorgehensweise nur eine von vielen Möglichkeiten darstellte, um dein Ziel zu erreichen, und bessere, effizientere Wege eröffnen sich.

EIN GEDANKENSPIEL

Du kannst jede Situation auf beliebig viele Arten beschreiben; zum Beispiel kannst du dieselbe Situation als „Problem" oder als „Gelegenheit" empfinden.

Es geht also nicht darum, die einzig richtige Sichtweise zu finden; die gibt es ebenso wenig wie das rechte Auge „richtiger" sieht als das linke. Deine beiden Augen sehen dieselbe Sache aus unterschiedlichen Blickwinkeln, und erst durch diesen Unterschied wird dreidimensionales Sehen möglich: Ein vollständigeres, „tieferes" Bild entsteht.

Dadurch, dass du deine geistige Landkarte mit neuen Beschreibungen erweiterst, wirst du flexibler im Denken, Fühlen und Handeln – du erweiterst deine ganze Welt!

Wenn du also ein Problem hast, für das du neue Lösungsmöglichkeiten suchst, dann kannst du ein Gedankenspiel daraus machen. Beantworte dazu einfach die folgenden Fragen. (Du musst natürlich nicht alle beantworten; wähle nur ein paar aus, die du besonders interessant findest. Ein Dutzend Fragen sollte reichen.)

Los geht's! Denk an das Problem (die „Situation") und beantworte dir diese Fragen:

- Was ist dein Ziel in dieser Situation? Was möchtest du erreichen?
- Was würdest du tun, wenn dein Leben davon abhinge, dein Ziel zu erreichen?
- Wie wirst du in vierzig Jahren an die Situation denken?
- Wie hättest du als Kind darüber gedacht?
- Was würdest du in dieser Situation tun, wenn du nur noch ganz kurz zu leben hättest?
- Wie würdest du mit der Situation umgehen, wenn du unsterblich wärst?
- Was wäre, wenn die Situation weltweit live im Fernsehen übertragen würde?
- Wenn die Situation eine Maschine wäre, was würde sie tun oder produzieren?
- Was würdest du tun, wenn du sicher wüsstest, dass es dir gelingt?
- Wie würdest du die Situation vom Standpunkt deines Gegenübers erleben? (Das kennst du schon: die Du-Position.)
- Wie würde jemand, der dich liebt, dich in dieser Situation sehen?
- Wie würde die Situation von Picasso gemalt aussehen?
- Wie hätte Mozart sie vertont?
- Was für einen Song würde deine Lieblingsband darüber schreiben?
- Wie würde Steven Spielberg sie verfilmen?
- Wie könnte man einen Werbespot daraus machen?
- Wie wäre die Situation in einem Zeichentrickfilm dargestellt?

- Was würde Bart Simpson an deiner Stelle tun? Und Lisa? Und Homer?
- Wie würde dein/e Lieblingsschauspieler/in deine Rolle spielen? (Besetze die Rollen aller am Problem Beteiligten mit Schauspielern deiner Wahl!)
- Wie würdest du die Situation als Diagramm (zum Beispiel als Teufelskreis) zeichnen?
- Was würde sich ändern, wenn du wüsstest, dass dein Gegenüber ...
  - ... gute Absichten hat?
  - ... bald sterben müsste?
  - ... in einem früheren Leben deine Mutter war?
- Was, wenn du dich so fühlen würdest wie dein Gegenüber?
- Was, wenn du die Absichten deines Gegenübers kennen würdest?
- Was, wenn dein Gegenüber deine Absichten kennen würde?
- Wenn die Situation eine Sportart wäre – wie würde die heißen? Wie würde man gewinnen?
- Wenn du ein außerirdischer Forscher wärst und diesen Erdling in der Situation beobachten würdest, welche Schlüsse würdest du dann über das Leben auf diesem Planeten ziehen?
- Wenn die Situation witzig wäre, worüber würdest du dann lachen?
- Wenn die Situation eine Chance für dich wäre, wozu hättest du dann Gelegenheit?

- Wenn dir etwas in der Situation bisher völlig entgangen wäre, was könnte das sein?
- Wenn es in der Situation etwas für dich zu lernen gäbe, was würdest du dann gerne lernen?
- Was wäre, wenn du das schon gelernt hättest?
- Was wäre das genaue Gegenteil von dem, was du bisher gedacht und getan hast?
- Was würdest du tun, wenn du nicht so intelligent wärst?

Wie denkst du jetzt über die ursprüngliche Situation? Welche neuen Ideen oder Erkenntnisse hast du gewonnen? (Jetzt, wo du weißt, welche Fragen hilfreich sind, kannst du dir natürlich auch selber welche ausdenken – die passen dann vielleicht noch besser für dich.)

Viele Leute haben die interessantesten neuen Ideen übrigens erst am Morgen nach diesem Experiment, nachdem sie darüber geschlafen haben. Das Unbewusste liebt solche Fantasie-Spiele und spinnt sie in deinen Träumen fort.

DAS HIRN – EINE BAUSTELLE

KURZ VOR SCHLUSS:
DAS HIRN – EINE BAUSTELLE

In diesem Buch ging es vor allem um Gedanken: darum, wie sie unsere Gefühle, unsere Wahrnehmung und unser Verhalten beeinflussen. Einen weiteren Faktor möchte ich noch erwähnen: In der Pubertät und den darauf folgenden Jahren verändert sich das Gehirn sehr stark. Viele Verbindungen zwischen Nervenzellen stabilisieren sich, viele andere werden abgebaut. Manche Hirnregionen brauchen ziemlich lange, bis die „gröbsten" Umbau-Arbeiten abgeschlossen sind. Dazu gehört der Stirnlappen, der dafür zuständig ist, abzuwägen, Prioritäten zu setzen, vernünftige Entscheidungen zu treffen, Konsequenzen einzuschätzen usw. Das heißt: In dieser Zeit handelt man oft impulsiv und spontan. Das ist an sich prima, kann aber manchmal auch voreilig und unüberlegt sein. Kurzschlusshandlungen können blöde Folgen haben.

Kurz gesagt: In dieser Umbau- und Ausbau-Phase kann man leicht den Überblick verlieren. Die Gefühle fahren öfters Achterbahn, und aus der momentanen Stimmungslage heraus erscheint die Welt als Hölle – ohne Rücksicht darauf, dass sie vielleicht vor ein paar Minuten als Paradies erschien und sich in ein paar Minuten wieder wie ein Paradies anfühlen kann. Und dann wieder wie die Hölle ... Die momentane Stimmung kann sehr schnell umschlagen und kommt einem trotzdem wie „die einzige Wahrheit" vor. Und in der Erinnerung, wie blöd man sich vorhin oder letzte Woche verhalten hat, als man ganz anders drauf war, findet man sich selbst vielleicht auch blöd oder peinlich.

An der Großbaustelle im Hirn kannst du nichts ändern, aber vielleicht hast du mehr Verständnis für dich selbst in dem Wissen, dass du nicht falsch tickst, sondern nur in einer heftigen Phase bist. Und du hast auch immer eine gute Ausrede: „Sorry, ich kann nichts dafür: Mein Hirn wird gerade umgebaut."

Wenn dich das Thema „Umbau im Gehirn" (der nie aufhört, aber bei Jugendlichen extrem ist) interessiert, dann findest du detailliertere Infos dazu im Internet.

... UND ENDE.

So, das war's. Wenn ich dir einen einzigen Rat geben kann, dann diesen: Genieße, was du erlebst! Die Teenagerzeit ist so reich und bunt, so viele Dinge erlebst du zum ersten Mal, die Zukunft ist völlig offen! Ich will damit nicht sagen, dass du nur Dinge tun sollst, die dir Spaß machen, sondern dass du Spaß an dem haben kannst, was du tust. Auch Lernen kannst du genießen, auch die Schule oder Lehre, auch die Aufregung vor einer Verabredung, das Herzklopfen und die Ungewissheit, bevor du dich etwas traust ...

Viel Spaß dabei!

NLP-GLOSSAR

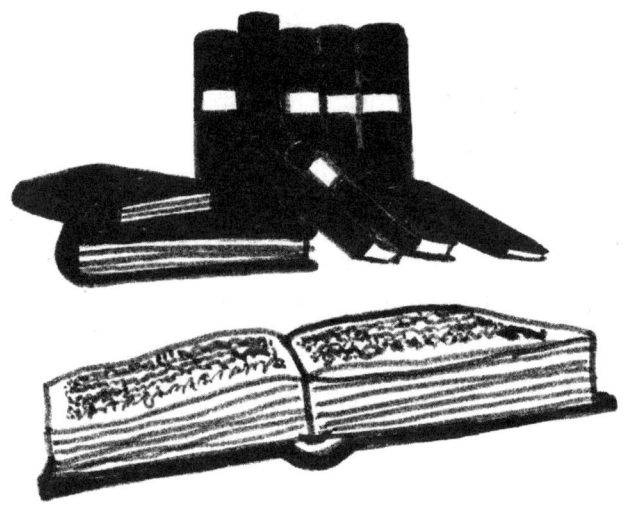

NLP-GLOSSAR

Anker: Auslöser für eine (bewusste oder unbewusste) Erinnerung. Jeder Bestandteil einer Erfahrung (alles, was während dieser Erfahrung erlebt wird) kann den Zustand wieder hervorrufen, in dem die Erfahrung gemacht wurde.

Gute Absicht/Bedürfnis: → Reframing.

Landkarte: Unsere Vorstellungen von der  Wirklichkeit. Die Gesamtheit unserer Ansichten über uns (Selbstbild) und alles andere (Weltbild). Diese Landkarte hilft uns bei der Orientierung, was wir und andere können/sollen/dürfen, was gut und was schlecht ist usw. Sie ist aber nur eine Abstraktion, also eine vereinfachte, verallgemeinerte, verzerrte Darstellung der Wirklichkeit, so wie ein Stadtplan nie die ganze Stadt mit ihren Einwohnern, Bäumen, Wetter usw. zeigt. Die Landkarte ist also nicht das Land: Gedanken sind immer nur ein Zerrspiegel der „Wirklichkeit". Die Wirklichkeit ist viel bunter, facettenreicher, beweglicher, fließender, lebendiger als ihre Beschreibung. Zwischen *Küssen* und *einen Kuss beschreiben* liegen Welten.

Meta-Modell-Fragen: Fragen, mit denen die geistige → Landkarte überprüft, präzisiert und erweitert wird.

- *Interpretationen und sonstige Deutungen* hinterfragst du mit: „Wie kommst du darauf? Woran würdest du merken, dass es anders ist?" usw.
- *Mehr Details* bekommst du, wenn du fragst: „Wer?" „Wann?" „Was?" „Wo?" „Wie?" usw.
- *Ausnahmen und Gegenbeispiele* findest du, wenn du fragst: „Wann ist das anders?" „Wer/wann/wo nicht?" usw.

NLP: *Neuro-Linguistische Programme* sind Wahrnehmungs-, Denk- und Verhaltensmuster. NLP beschreibt diese Muster so, dass sie reproduziert und auf andere Situationen übertragen werden können. Dadurch kann zum Beispiel dieselbe Motivation, die wir beim Computerspielen haben, auch zum Englischlernen eingesetzt werden. Die Neuro-Linguistischen Programme können auch verändert werden: Wenn ein „inneres" Bild beispielsweise aus größerem Abstand gesehen wird, dann „geht es mir nicht mehr so nahe"; es verliert an Wichtigkeit und Bedeutung.

Reframing: Etwas „in einen anderen Rahmen setzen", ihm also eine andere Bedeutung geben, es anders bewerten oder unter einem neuen Gesichtspunkt betrachten. Statt uns auf ein störendes Verhalten zu fixieren, können wir zum Beispiel verstehen, was durch dieses Verhalten erreicht werden soll, und dadurch sinnvollere Wege finden, um diese eigentliche Absicht zu verwirklichen. Wir können beispielsweise auch den Zeitrahmen ändern ("Bald werde ich darüber lachen!") oder eine Situation aus der Sicht von jemand anderem sehen ("Was würde Homer Simpson tun?").

Ressourcen: Die Fähigkeiten, die du einsetzen kannst, um deine Ziele zu erreichen und deine Wünsche zu verwirklichen. Dein Potenzial. Die Grenzen dieses Potenzials liegen meistens nicht in der Wirklichkeit, sondern nur in unseren Überzeugungen (→ Landkarte): Du hast mehr Möglichkeiten, als du glaubst.

Sinne: Alles, was Menschen erleben, geschieht in fünf Sinneskanälen: Sehen, Hören, Riechen, Schmecken und Fühlen. Auch Gedanken *sehen* wir vor unserem "inneren Auge" oder *hören* wir als "innere Stimme". *Fühlen* umfasst sowohl körperliche Empfindungen (wie den Gleichgewichts- und Tastsinn) als auch Emotionen, die als Druck, Leichtigkeit, Wärme usw. gespürt werden (→ Submodalitäten). Wie fühlen sich "Schmetterlinge im Bauch" an?

Submodalitäten: Die Darstellungsweisen des Erlebens. Derselbe Inhalt kann zum Beispiel in einem großen oder einem kleinen Bild dargestellt werden; derselbe Satz kann gebrüllt oder geflüstert werden. Submodalitäten gibt es in allen fünf → Sinnen. Sie bestimmen (oder zeigen) nicht nur, wie *intensiv* Gedanken und Gefühle erlebt werden, sondern auch, in welche *Kategorie* ein Gedanke eingeordnet wird (zum Beispiel „ernst/witzig", „wichtig/unwichtig").

Träumer – Macher – Kritiker (Walt-Disney-Strategie): Diese Methode hilft dir, Wünsche zu verwirklichen, indem die Planung in drei Phasen aufgeteilt wird. Du überlegst
- als *Träumer*: was dein Ziel ist,
- als *Macher*: wie du es erreichen kannst,
- als *Kritiker*: mit welchen Hindernissen du dabei rechnen musst.

Jede Phase wird gewürdigt; jeder – *Träumer*, *Macher* und *Kritiker* – bekommt für eine Weile die volle Aufmerksamkeit und darf sich frei äußern, ohne von den anderen beiden unterbrochen zu werden. Dadurch sabotieren sie sich nicht mehr gegenseitig, sondern sie hören einander zu und arbeiten zusammen.

Unbewusstes; das Unbewusste: Sammelbegriff für alle Wahrnehmungen und Tätigkeiten des Organismus, die (zumindest momentan) nicht bewusst erlebt werden. Vielleicht war dir deine Atmung eben noch unbewusst – bis das Lesen dieses Satzes sie ins Bewusstsein gebracht hat. Das Unbewusste ist das, was atmet, verdaut, träumt, das Gleichgewicht hält und sich um Millionen andere Dinge kümmert. Es ist viel umfassender als jede → Landkarte.

Wahrnehmungspositionen: Eine Art des → Reframing. Sich bewusst zu machen, was man selbst gerade fühlt, denkt und will (*Ich-Position*); sich in die Lage eines anderen Beteiligten zu versetzen (*Du-Position*); eine Situation als Außenstehender (*Beobachter-Position*) oder mit Gemeinschaftssinn (*Wir-Position*) zu betrachten: Zwischen diesen Wahrnehmungspositionen zu wechseln führt zu mehr Überblick und Flexibilität.